驾校经营管理三部曲

驾校教练员的五项修炼

南新华　编著

机械工业出版社

本书立足于提高我国驾校教练员的职业素质,从驾校教练员的职业修炼出发,为驾校教练员的规范化管理提供参考。全书共分为五章,前两章为"职业修炼""服务修炼",是教练员"训"的内容,旨在重新审视和认识驾校教练员这一职业的社会责任和从业理念。后三章分别为"方法修炼""沟通修炼""招生修炼",是教练员"练"的内容,旨在从教学语言、教学方法等方面提升教练员的职业能力。

本书第1版、第2版被许多驾校选为驾校教练员培训教材,得到了驾校校长和教练员的好评。第3版在第2版基础上更新了案例,增加了教练员职业规划、网络招生的方法等内容,使得本书内容更加完善。

本书紧贴驾校教练员工作实际,具有很强的可操作性和指导性,可作为驾校教练员职业培训教材,也可供驾校经营管理人员参考阅读。

图书在版编目(CIP)数据

驾校教练员的五项修炼/南新华编著. —北京:机械工业出版社,2021.1
(驾校经营管理三部曲)
ISBN 978-7-111-67386-6

Ⅰ. ①驾⋯ Ⅱ. ①南⋯ Ⅲ. ①汽车驾驶 – 教练员 – 职业道德
Ⅳ. ①U471.3

中国版本图书馆 CIP 数据核字(2021)第 017631 号

机械工业出版社(北京市百万庄大街22号　邮政编码100037)
策划编辑:赵海青　谢　元　责任编辑:赵海青　谢　元
责任校对:陈　越　　　　　责任印制:张　博
三河市国英印务有限公司印刷
2021年4月第1版第1次印刷
169mm×239mm・14.75 印张・206 千字
0001—3000 册
标准书号:ISBN 978-7-111-67386-6
定价:69.00 元

电话服务　　　　　　　　网络服务
客服电话:010 - 88361066　机 工 官 网:www.cmpbook.com
　　　　　010 - 88379833　机 工 官 博:weibo.com/cmp1952
　　　　　010 - 68326294　金　书　网:www.golden - book.com
封底无防伪标均为盗版　　　机工教育服务网:www.cmpedu.com

丛书前言

初心与梦想

研究驾校经营管理是我人生规划中的一次意外，没想到这个意外决定了我职业生涯的后半程。

2005年，已过不惑之年的我，陷入了一次重要的人生思考：在国企、外企担任中高级管理人员研究企业管理20多年的我，难道要打一辈子工？不行，我要研究民营企业，日后成立一个管理咨询公司，为当地民营企业从家族化、作坊式的管理向公司化管理提升转变提供助力与服务。基于这一想法，我毅然辞职，来到了因学车而结缘的一所当地驾校，做起了职业经理人。

"以研究的心态做好工作，在帮助别人实现价值中来实现自己的价值。"这句话长期以来一直是我工作的座右铭，来到驾校后依然如此。工作一段时间后，我发现驾校经营管理的关键是提升教练员的素质。这些文化程度不高、驾驶员出身的教练员，大多数没有受过系统的职业培训，只有提升了教练员的素质才能提升驾校的竞争力。我将以往担任宣传处长、法律事务办公室主任、公司经理、资本运营部部长等职务时积淀下来的管理知识和经验，与主持驾校工作中所发生的棘手问题、矛盾冲突等大量鲜活案例总结归纳到一起，以工作笔记为素材，用了三年的时间，于2008年写出了《驾校教练员的五项修炼》，一波三折后终于出版，不料这本书竟填补了空白，成为"国内关注驾校教练员职业素质提升的首本著作""驾校教练员培训第一书"。

《驾校教练员的五项修炼》的出版得到驾校投资人和广大教练员的好评，这给我带来了荣誉和机会，于是我组建团队并成立了公司，专门从事驾校经营管理的研究，由过去只为一所驾校服务到为众多驾校服务。从2009年初到2012年的四年间，我考察了国内500多所驾校，研究的重点已从教练员素质提升转变为驾校严密的质量控制体系、完善的学员服务体系、立体的市场营销体系和特色文化的体系构建，旨在解决有了职业化的员工队伍基础后，如何进行科学化管理的问题，给"草根创业""商人转行""教练校长"等投资驾校的老板们提供一个经营管理的工具，使他们从摸着石头过河、跟着感觉走，到掌握驾校内部管理的规律。于是就有了"三部曲"中第二本书《驾校经营方略》的写作与出版。

2015年以后，随着驾培改革紧锣密鼓的脚步，国内驾培市场风云突变，我感觉到"山雨欲来风满楼"——驾培市场的动荡不可避免。于是写下了《中国驾培市场正在发生颠覆性的变化》一组六篇文章，从供求关系、收费模式、招生模式、培训模式、考试模式和运营模式这六个方面论述驾培市场的变化方式，也正是以这六篇文章为标志开始了对驾培行业的研究。在驾培行业，价格战、挂靠经营、合作共赢、互联网的冲击，不管喜欢还是不喜欢，这些回避不了的问题，统统成了研究的课题。这些研究伴随着市场的脉搏，顺应着驾校的需求，推动着我不断思考，最终写成了《驾校转型启示录》。至此，驾校经营管理三部曲终于圆满完结。

在这三部曲中，《驾校教练员的五项修炼》是"坐家"而作，功劳手大于脚；《驾校经营方略》是"出家"而作，辛苦脚大于手。《驾校转型启示录》是"高坐"而作。所言"高坐",乃指高空、高铁、高堂(在家陪伴高堂老母之时)之作。三部曲写我所做,讲我所写,来源于实践,回过头来指导实践,从实践经历的"知道",到总结归纳的"悟道",再到各地讲课的"布道",这就是我十几年来"意外"的职业轨迹。

从研究驾校经营管理的一个侧面,到研究驾校经营管理的整体,再延伸到对驾培行业的研究,我的体会可归结为一句话:驾培行业是一个关系到人民生命财产安全的实用技能型培训行业,能否回归教育本质,不仅要不忘初心,牢记使命,还要有梦想:

有车有"照"是您的梦,

开好开稳是我的梦。

安全交通、文明交通是大家的梦!

丛书前言

第一章 职业修炼

第一节 我们为什么要当教练员 ...002
　一、选择教练员这一职业的原因 ...002
　二、教练员的现实状况 ...003
　三、影响你成为王牌教练员的因素 ...006
第二节 怎样转换和认知自己的职业角色 ...016
　一、教练员的角色转换与角色认知 ...016
　二、合格教练员应具备的素质 ...020
　三、教练员的"训"与"练" ...026
第三节 怎样成为一名有使命感的教练员 ...028
　一、我们从事的工作事关人们的生命与财产的安全 ...029
　二、我们从事的工作事关社会和谐的构建 ...034
　三、我们从事的工作事关企业核心价值观的实现 ...039

第二章 服务修炼

第一节 怎样认识教练员的服务职能 ...042
　一、驾校是服务行业 ...044
　二、驾校服务的层次 ...046
　三、教练员在服务中的误区 ...052
　四、学习雷锋好榜样 ...053
第二节 怎样把握驾校服务的特点和关键时刻 ...054
　一、驾校服务的特点 ...054
　二、驾校服务的关键时刻 ...060
第三节 怎样树立正确的服务理念和思维 ...064
　一、薪水不是老板发的，而是学员发的 ...064
　二、学员的满意度是检验服务效果的唯一标准 ...065
　三、差不多、过得去的教学与服务无异于自我淘汰 ...066
　四、没有学不会的学员，只有不会教的教练 ...067

目录

五、服务就是广告，服务就是招生　　...070
　　六、劣质服务就是砸驾校的品牌，砸大家的饭碗　　...071
　　七、从学员的不满中发现自己的不足　　...072
　　八、感恩学员给了我机会　　...074
　第四节　怎样进行服务失败后的补救　　...076
　　一、服务失败的含义及表现形式　　...078
　　二、服务失败的补救原则和方法　　...080

第三章 / 方法修炼

　第一节　怎样进行养成式教学　　...090
　　一、养成式教学的内容　　...090
　　二、养成式教学的方法　　...099
　第二节　怎样进行体验式教学　　...105
　　一、想象式体验　　...107
　　二、重复式体验　　...108
　　三、特殊式体验　　...109
　第三节　女学员的特点与训练方法　　...110
　第四节　怎样教好老年学员　　...115
　　一、老年学员学车的动机　　...117
　　二、老年学员的特点　　...118
　　三、打好心理基础是教好老年学员的关键　　...120
　　四、训练老年学员时应注意的问题　　...121
　第五节　怎样克服学员的紧张心理　　...123
　　一、走出"怕"字的阴影是克服学员紧张心理的关键　　...123
　　二、宽松的教学环境是缓解学员紧张心理的良药　　...128
　　三、积极的暗示是帮助学员克服紧张心理的风帆　　...130
　　四、防止"瓦伦达心态"，帮助学员踢好"临门一脚"　　...132

第四章 / 沟通修炼

第一节 怎样搞好与学员的沟通 ... 137
    一、做一名会微笑的教练员 ... 137
    二、做一名善于倾听的教练员 ... 138
    三、做一名善于表达的教练员 ... 143
    四、做一名不与学员发生冲突的教练员 ... 146
    五、做一名语言文明的教练员 ... 149

第二节 怎样正确地运用赞美的艺术 ... 153
    一、赞美学员的作用 ... 154
    二、赞美学员的方式 ... 159
    三、赞美学员时应注意的问题 ... 160

第三节 怎样正确地使用批评的艺术 ... 162
    一、教练员使用"批评"存在的问题 ... 163
    二、批评的原则 ... 164
    三、批评四步曲 ... 168
    四、评价批评的效果 ... 169

第五章 / 招生修炼

第一节 怎样认识当前驾培市场的形势 ... 172
第二节 怎样利用"关系"招生 ... 179
    一、关系招生的原则 ... 179
    二、关系招生的形态 ... 180

第三节 怎样运用"口碑"招生 ... 187
    一、口碑招生的优点 ... 190
    二、口碑招生的主体 ... 192
    三、驾校应当怎样制造口碑效应 ... 194

第四节 怎样使用"网络"招生 ... 201
    一、网络招生的准备 ... 201
    二、网络招生的内容 ... 204
    三、网络招生的技巧 ... 207

第五节 怎样防止学员的流失 ... 210
    一、学员是从咨询员、接待员和教练员口中流失的 ... 210

二、学员是从教练员身边流失的　　...214
　　三、学员是从领导被动疏忽的工作中流失的　　...214
　　后记一　教练员朋友，你想赚钱吗？　　...216
　　后记二　人人都知品牌好，只是……　　...218

附录
　　附录A　王牌教练员培训营法则及构成元素　　...220
　　附录B　南新华驾校经营管理咨询团队培训班简介　　...223

第一章

职业
修炼

驾校教练员的五项修炼

第一节
我们为什么要当教练员

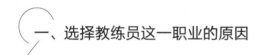
一、选择教练员这一职业的原因

"为什么要当驾校教练员呢?"在每次招聘驾校教练员的面试中,我都要问这个问题。归纳起来,主要有以下几种答案:

1. 求安定的环境和稳定的收入

许多驾校教练员说,过去开货车,满天下跑,非常辛苦劳累。自己一出车,全家都牵挂,跑到哪个城市,家里的人就看哪个城市的天气预报,路况天气一不好,家里人都跟着揪心。不出事故还能挣点辛苦钱,一出事故,全年的辛苦就白费了。长年在外边跑,无时间孝敬、照顾老人,没空教育、培养孩子,夫妻感情也受影响。在家门口当教练员,不再做跑江湖的"流浪者",图的就是家庭团聚、生活稳定。还有的驾校教练员说,自己已经40多岁了，干过很多行当，没有大的出息，只剩下一个开车的技术，早没有当年闯世界的雄心了。当个教练员，安安稳稳地生活挺好。有这种想法者，在教练员队伍中占据了很大的比例。

2. 求工作的改变和生活的过渡

驾校教练员队伍之所以不稳定，就是因为其中有很多人具有临时择业的观念。有的因种种原因不愿继续在原单位工作了，想换个环境，于是来当教练员；有的把车卖了或者单位破产了，临时还没有好的去处和打算，就先当一段教练员，一旦有了好去处，立刻走人。2003年，在"非典"时期，有些公交车驾驶员去驾校应聘教练员，原因很简单，就是想找一种接触人少的开车环境。从驾驶员到教练员，培训过渡期至少要3个月，可是许多教练员干上一年半载就跳槽，这让许多驾校校长很伤脑筋。

3. 求社会的尊重和自我发展

有的人认为从事驾驶技术的教练工作是一件很有价值和意义的事情，只要通过努力的工作和真诚的付出，就能得到学员的认可和社会的尊重。当教练员可以提高自身素质，当教练员可以广交朋友，当教练员可以增加自己的信息量，当教练员可以向老板学习办企业、搞管理的经验，当教练员可以向学员学习社会经验和经营知识。总之，今天当教练员是为明天自己当老板作准备。

二、教练员的现实状况

1. 地位——该高的不高

教师被称为"太阳底下最崇高的职业"，这不仅在于对从事这一职业的人的素质有很高的要求，更在于这一职业的整体素质关系到社会的发展和民族的未来。因此无论在哪个国家，教师都备受人们尊重，有着较高的社会地位。汽车驾驶教练员作为一名技能型教师，作为一种现代社会中十分重要的实用技能的传授者，也理应受到人们的广泛尊重。我国每年因交通事故死亡的人数近10万，居世界第一，教练员可以说是"车轮下亡灵的拯救者"；汽车在每个家庭都是一笔巨大的财产，教练员可以说是"家庭财产的保护者"。作为一名教练员，没有理由不受到社会的尊重。但令人遗憾的是，在国内，除了少数品牌驾校的教练员获得了应有的尊重外，大部分教练员都没有获得与其职业相对称的社会地位。这其中的因素很多，既和驾培行业某些不正风气有关，也和教练员素质有待提高、教练员不把自己当作技能型教师来看待和要求有关。

2. 形象——该好的不好

尊师重教是我们中华民族的优秀品德，师者在人们的心目中有其特殊的形象。师者，春蚕到死丝方尽，蜡炬成灰泪始干；师者，诲人不倦。可是许多教练员形象邋遢，没有统一的职业化制服；许多教练员语言欠文明，行为欠检点，缺乏自律能力，给整个教练员队伍的形象涂上了一层灰色。

3. 理论——该懂的不懂

师者，传道授业解惑也，而目前大部分教练员是"半路出家"，虽有丰富的实际驾驶经验，但是缺乏系统的理论知识，"知其然，不知其所以然"，教学语言贫乏，教学方法落后。正如一名上海女学员所说："教师还要考教育学、心理学，懂得学生的心理，注意教学的方法；而驾校教练员呢，只要能熟练驾车，达到一定的驾龄，什么三教九流的人都能干，真有点可悲。"

2008年夏天，我应邀到外地的一所驾校讲课。讲课之余，我对20名教练员做了一次测试。这些教练员都有2年以上的教龄，其中，有4位驾龄超过30年。测试方法是单独提问,测试题目是"操作方向盘应注意哪些事项"。这一题目的答案至少应包含下列内容:正常情况下不要单手操作方向盘;右手操作完其他机件后,要立即回到方向盘;严禁猛打猛回、掏方向盘、撑方向盘等;行驶在坎坷不平的道路上,双手应紧握方向盘,以免失去控制;换档时,左手稳住方向盘,以防用力过大发生方向跑偏的现象;制动时,两手应握住方向盘,以防汽车跑偏;在泥泞路、冰雪路、弯道上行驶时,严禁猛打猛回方向盘。测试结果是,没有一名教练员能完整地说出答案,能说出三项的也不到一半。

4. 收入——该多的不多

大多数驾校教练员的工资主要包括基本工资、考试合格奖、安全奖、招生提成等几个部分。全国各地的驾校教练员收入存在着诸多的不平衡。总体来说,驾校教练员的收入不高。

教练员的工作是身累心更累,工作环境是户外,只要"天上不下刀子不掉炸弹,地上不发强震不淹洪水",车轮就停不下来。教练员总是规律性地"夏天一身黑(晒的),冬天一脸霜(冻的)"。其工作时间经常是每天十几个小时,有时是因为学员多,有时是为了满足学员不同时段的学车要求,只能牺牲很多本应与家人共享天伦的时间。再说心累,坐在副驾驶座上的教练员一点也不比学员轻松。新学员一个个都可能是潜在的"破坏王",指不定哪个眨眼的刹那就能整出些让你心疼肝疼的"失误"。另外,学员性格各异,在教学沟通中要处处小心,稍不慎就会祸从口出。从驾校教练员的工作强度、承担的风险和素质要求上看,目前的收入整体偏低。

有人说:一名优秀的汽车驾驶员未必是一名优秀的汽车驾驶教练员,一名优秀的汽车驾驶教练员必定是一名优秀的汽车驾驶员。但是驾校教练员的收入大都不高于当地长途客货车驾驶员的收入,更低于当地教师的收入。在很多驾校还存在着工资发放不及时、不签订劳动合同、不购买劳动保险或劳动保险购买不全的情况，这在一定程度上都影响了驾校教练员队伍的稳定性。

该高的不高，该好的不好，该懂的不懂，该多的不多，这使许许多多的驾校教练员处在一种非常尴尬的地位，也使许多人把驾校教练员这一岗位当作"食之无味，弃之可惜"的"鸡肋"。地位、形象、能力、收入是一条"生物链"，这条"生物链"拴着学员、驾校老板和驾校教练员，在当前国内的驾培市场上，这条"生物链"在许多城市和地区陷入了恶性循环的怪圈。驾校教练员可以拿高工资，但这必须以提高自身素质、改善服务态度和更多的付出为条件；驾校老板可以增加工资支出，这既可以稳定教练员队伍，又可以提高服务水平，但必须以提高学费为条件；学员可以多交学费，但必须以物有所值、享受应有的尊重、达到自己的服务预期为条件。驾校教练员与其抱怨学员高傲、老板吝啬，不如在苦练内功、提高素质上下工夫。自允许社会力量办驾校后，我国的驾培市场还处在发展的初级阶段，高素质的教练员还十分缺乏，也十分抢手。驾校教练员要想提高地位、增加收入，就要从自身做起、从现在做起。

三、影响你成为王牌教练员的因素

1. 因素之一——目标迷失

一群意气风发的天之骄子，从美国哈佛大学毕业了。在他们离校之前，学校进行了一次关于人生目标的调查，结果是这样的：27%的人没有目标，60%的人目标模糊，10%的人有明确而短期的目标，3%的人有清晰而长远的目标。

25年以后，哈佛大学再次对这群学生进行跟踪调查。结果是这样的：3%的人，25年间他们朝着一个方向不懈努力，几乎都成了专家、学者和企业家；10%的人大都实现了自己的短期目标，成为各个领域的专业人士，生活在社会的中上层；60%的人虽然都有安稳的生活与工作，但都没有什么特别的成绩；剩下27%的人，因为没有目标，过得很不如意。

这份调查清楚地表明，这群智力相近的哈佛学子，在走过漫长的人生之路后，有的功成名就，有的碌碌无为。他们之间最根本的区别和差异，并不在于智力，也不在于知识，而在于有无远大的人生目标。

这个世界是为那些有目标的人准备的。

我们且不说大人物，大人物的目标更明确，我们说小人物。小学生有目标，他们要努力考"双百"，他们要争取进入前五名，他们的目标是先考入一所好中学，再考入一所好大学；小科员有目标，他们最早来到办公室，打水拖地擦桌子，他们自觉地熬夜加班写材料，他们的目标是得到领导的赏识，能够尽快地被提拔晋级；小老板有目标，他们起早贪黑做生意，吃苦耐劳拼市场，他们的目标是扩大营销额度，在"滚雪球"中发展。有目标的小人物，明天就会成为大人物。没有目标的人，都是为有目标的人实现目标的。有了目标，人也就有了梦想，就像一首歌里所唱的："有梦想谁都会了不起，有勇气就会有奇迹"。如果一艘船不知道要驶向哪个码头，那么任何风向都不会是顺风。人生没有目标不行，但有了目标，目标分散、行为不坚定也不行。在金庸先生的《射雕英雄传》中，南帝想的是普度众生，北丐想的是救国救民，东邪想的是奇思巧计，西毒想的是武功第一，结果华山论剑，西毒最厉害。目标单一，往往更易接近成功。

教练员队伍中，许多人没有明确的人生目标和职业目标。今后的路怎样走，未来5年、10年的人生规划是什么，教练员是否是今后长期的职业，对这些都没有一个清晰概念，甚至很迷茫，这是非常悲哀的。临时凑合，聊天混日,使他们在当了几年教练员后,仍然原地踏步没有大的长进。由于没有把教练员这一职业当作事业来追求,就缺乏学习的热情,缺乏总结教学经验的自觉性。

在德国,汽车驾驶教练员的培训期是5~8个月,并且应在被正式认可的培训机构中进行。参加培训的人员除了必须满足年龄、驾龄、文化等条件外,还必须通过由国家考试部门执行的考核:书面、口头和实习(包括道路上的车辆控制技能和教学技能),基本资格课程所涵盖的学科包括教育学和心理学原则、交通规则和道路危险性、法律方面的内容,以及车辆技术、环境保护、节能驾驶技术、课程规划、教学实习内容。在英国,培训一个汽车驾驶教练员最少要经过6个月的学习实习期,要花费相当于6万元人民币的费用。在日本,教练员不仅要经过6次书面加实操科目的考试,最后还要进行论文答辩。今后,随着我国驾培行业管理力度的加大,汽车驾驶教练员资格要求肯定会增高加难。对现在的教练员来说,今后将面临着更加严峻的考验与挑战,甚至时刻有被淘汰的危险。先天已经不足,后天不能再失调,必须加强学习,提升自身的职业素质,才能在驾校教练员的岗位拥有一席之地。

人生不能没有规划,但规划不能超越现实,不能空想。我们的职业规划应该是在对自己的主客观条件进行测定、分析、总结的基础上,对自己的兴趣、爱好、能力、价值观、特点进行综合分析与权衡,结合时代特点,根据自己的职业倾向确定最佳的职业奋斗目标,并为实现这一目标做出行之有效的计划。十几年来,笔者通过对上万名教练员的培训、交流和问卷调查,为驾校教练员设计了以下三种职业规划:

一是钻研教育,目标锁定做名师名教。名师、名教和名医是很受人尊重的职业人士,他们或者能传授知识、造就人才,或者能够用自己的知识拯救生命,保你健康。驾校教练员是一个普通而又崇高的职业,说小,它就是传授一种实用的生活和工作技能，说大，它关系到人们生命财产的安全。要想成为驾培界的名师名教，就要花费比别人更多的时间加强学习、向前辈学、向书本学、向同事学，利用一切资源学习与机动车驾驶培训有关的专业知识，集腋成裘，积沙成塔；要想成为驾培界的名师名教，就要付出比别人更多的心血刻苦研究，积累教学案例，总结教学规律，攻克训练难点，研究培训大纲，从个别到一般，从特殊到普遍。一个名师就是一座灯塔，一把火炬，可以照亮一批驾驶人安全驾驶的道路，可以点燃一群学车人文明行车的信念；一个名教就是一面旗帜、一把尺子，可以引领身边的教练员成为安全驾驶第一关的把门人，可以衡量周围驾驶人文明驾驶的优劣。

二是钻研管理，目标锁定做职业经理人。驾培行业是一个跨学科的行业，涉及机动车驾驶与维修、交通法规、安全工程、人力资源管理、教育学、心理学、营销学、急救常识、保险知识等，需要复合型的管理人才。现在，国内大大小小的驾校已达两万所，对这种复合型人才的需求量很大，然而国内成千上万所大学中，没有驾校管理这个专业。驾校教练员长期奋战在机动车驾驶培训的第一线，年轻时可以靠体力吃饭，随着年龄的增长，要靠专业知识和能力安身立命，服务社会并得到社会的认可与尊重。无疑把驾校职业经理人作为人生目标和职业规划是切实可行的，为此我们要先锁定一个阶段性目标，例如锁定总教练，那么就要研究教练员素质提升的内容与方法，研究服务满意率、训练合格率提升的技巧与途径，研究训练安全体系如何构建等；锁定市场部经理，就要研究全员招生如何发动、组织和激励，研究网络招生的方法与渠道，研究大客户的开发、品牌的包装和推广等；锁定办公室主任，就要研究员工的招聘、培训与管理，研究教练员薪酬体系的设计，研究员工手册和规章制度的制订、考核与落实等。先研究一个方面，实现一个阶段性的目标，然后再研究另一个方面，直至完成驾校经营管理的立体研究和全面掌握，那么你就离驾校职业校长的目标不远了！

梁树祥从名师名教到校长的成长史

梁树祥，湖北人，2005年5月进入宜昌市平安驾校从事机动车驾驶培训教练员工作时，他就立志"把教练工作当成事业来做"，当名师、做名教是他的职业目标。

针对在以往的机动车驾驶技能培训实践中普遍存在重操作、轻理论的现象，学员学车知其然不知其所以然，学车难以学到真技能的问题，梁树祥在每个科目的实操训练之前，都会组织学员进行理论学习，讲解操作原理。为帮助学员更好地理解驾驶理论，他借助新媒体，第一个以个人名义建立驾培教学网站，利用教学网站、博客、微博等受大众欢迎的媒介，以文字、图片、视频等形式上传培训资料，交流学员学车心得，宣传驾培行业新风，取得了事半功倍的良好效果。在此过程中，他如饥似渴地学习着。他通过网络查询驾培行业的资讯，通过结识行业内的佼佼者向其取经学习。2006年，笔者与其通过线上线下的交流，在驾培理念、服务模式等方面有过深入的沟通。那时，梁树祥就坚定了自己"要做就做王牌教练"的信念。为了回馈老师和同行们的帮助，梁树祥也开始在博客、微博上写交流文章，分享从业经验。他所写的《学车江湖》《教练员的辛苦与快乐》等多篇文章曾在全国驾培界广为流传。2009年，三峡电子音像出版社与宜昌市交警支队在录制《教您轻松考驾照》教学光盘时，邀请梁树祥担任主讲教练。随着该教学光盘的发行，梁树祥的教学方式在宜昌教练员队伍中起到了很好的示范作用。从2008年起，在湖北省交通运输厅道路运输管理局领导的安排下，梁树祥40多次到全省各地市州进行新教练员培训，他将理论知识与自身实践高度结合，不仅圆满地完成了培训任务，他本人也成为许多新教练员学习的楷模。一份耕耘一份收获，2007年，梁树祥荣获宜昌市驾培行业首届年度"十佳"教练员、湖北省运管物流系统"岗位技能手"

称号；2013年获得"全国驾培行业文明诚信优质服务优秀教练员"称号；2015年被交通运输部授予"全国交通技术能手"殊荣。

实现了名师名教的职业目标之后，梁树祥又制订了新的人生规划——建团队，做职业校长。

借力于正确的从业理念和丰富的专业知识，梁树祥的教练"事业"发展很快。随着找他学车的学员不断增加，他建立了"梁树祥王牌教练团队"。2007年，团队规模达到6车6人，全年招生培训600人左右。到2013年，团队规模达到10车10人，全年招生培训近千人。2005—2013年，经他团队服务的学员总计达5000人，无一例投诉行为发生。

梁树祥的"王牌教练团队"俨然是一所小驾校。队伍建设、薪酬管理、招生宣传、培训模式、安全防范等驾校运营需要做的工作，在团队管理中一样也不能少，因此，梁树祥做教练员工作8年，也是积累管理能力和经验的过程。

2014年初，原广东省东莞市车友驾校总经理赵守成先生来宜昌创业，申办宜昌市畅安驾校。赵守成是在全国驾培界享有一定声誉的专家型驾校老总。初到宜昌，赵守成广交朋友，拜访了众多在宜昌驾培行业有一定知名度的人士了解驾培状况。赵守成数次和梁树祥交流后，感觉理念相同，志同道合，于是正式聘请梁树祥担任宜昌畅安驾校执行校长。梁树祥上任伊始，他以多年的理论积累和实际经验，配合总经理为畅安驾校规划了发展蓝图，制订了企业文化愿景。畅安驾校坚持管理制度化、工作流程化、教学规范化、培训标准化、服务人性化，统一工装工牌，统一教练车标识标志，统一客服电话，并坚持长期对教练员进行专业技能、规范教学、心态观念、礼节礼仪、政策规定、制度纪律等综合培训。梁树祥的管理实践取得了显著效果，目前，畅安驾校已发展成为集培训和考试于一体的驾考集团，运营车辆达到120辆，员工达到130人，年培训能力达到8000人，年

> 考试能力达到 3.6 万人次。畅安驾校的教练员团队也成为宜昌驾培行业一道亮丽的风景线，受到宜昌市运管局、交警支队等主管部门领导的一致好评，经三峡电视台、《三峡晚报》、《三峡商报》等媒体相继报道，收到了良好的社会反响。2017 年，宜昌畅安驾校先后荣获"宜昌市十佳诚信单位""宜昌市守合同重信用企业"荣誉称号，2018 年，荣获湖北省道路运输行业"十佳文明示范驾校"荣誉称号。

三是钻研营销，目标锁定做一个小老板。许多教练员都是职业驾驶员出身。过去他们的交往圈子很狭窄，朋友也都是同行。由于圈子狭窄，所能获得的信息量也大受限制，人生的发展备受制约。而当了驾校教练员，情况就大有不同，交际范围广了，学员中有本地的，也有外地的，来自于各行各业，这其中可能有银行职员、工商局工作人员、律师、老板等，驾校教练员把每个学员当作朋友、亲人，认真教学，热情服务，也许以后这些学员中就有你命运转折的贵人、生意场上的帮手；形形色色的学员在学车的闲暇交流着海量的信息，这其中可能就会有一个信息将改变你的命运。2005—2008年，笔者担任驾校职业校长期间，曾在招聘教练员时遇到了一位特殊的应聘者，我们之间有下面一段问答：

问：你准备做几年教练员。

答：5 年。

我笑着问：这么确定，做 6 年行吗？

答：不行，时间太长了。

问：为什么是 5 年，4 年行吗？

答：不行，太短了。我是农村的，在北京当了 5 年兵，给首长开了 5 年车，今年刚退伍，有一笔安置费，我认真思考了我以后的人生方向，只能做生意，可是我不仅本钱不多，更重要的是这 5 年脱离社会，经验不足，贸然下海，很有可能血本无归，我又没有其他特长，就会开车，因此我选择了当教练员。我调查过，每位教练员每年能培训100名学员左右，也就是说，5年我能认识500人，这些人中各行各业的都有，其中老板肯定不少，我认真地教学服务，与他们交朋友，虚心向他们学习"生意经"。在这5年中，我还能攒一笔钱，本钱也有了，再下海把握比较大。

不用猜测，这位教练员我录用了。本来当过兵就是优先录用的因素，更难得的是他有着这样明确的人生规划。机会只垂青有准备的人，后来听说这位教练员在做了4年半后就辞职下海了，现在生意做得风生水起，红红火火。

2. 因素之二——没有"愿力"

"愿力"，佛教用语，是主动积极的力量，源自内心的"意愿"。有位心理学家说："绝大多数失败者的生活是建立在'不得不做'的基础上的。"同样一门学问，同样一份职业，同样由你来做，有愿力和没有愿力，效果截然不同。一个人有了愿力，才会动脑筋、想办法，克服一切困难去完成。为什么有的人做事消极，有的人做事积极？有的人死气沉沉，有的人朝气蓬勃？有的人热情只能保持几分钟或几天，有的人却能让热情保持几十年，甚至是一辈子？这与每个人有无强烈的愿力有很大的关系。要我做、要我学和我要做、我要学是有天壤之别的。

我的学车与执教生涯

我姓朱，出生在农村的一个贫困家庭，祖祖辈辈过着面朝黄土背朝天的生活。为了能有一技之长，最终我选择了学车。在当时，广为流传的一句"方向盘一转，收入年过万"足以说明驾驶员在人们心目中的地位。

然而，当我的手真正握在方向盘上时，我才真正体会了学车的不易。面对挫折，我心里暗下决心："有一天，我也要当一名教练员，让每位学员都真正受益",所以教练员成了我梦寐以求的职业。

记得我学车是在1994年,那时驾校里的各种不正之风甚嚣尘上。学员中曾流传这样一句话:"教练教练,县长不换,抽的是石林烟,吃的是学生管的饭,兜里是学生凑的钱",那种情形可想而知。学员不仅要请老师吃饭,给老师送礼,还要不时忍受教练的讽刺、肆意的使唤等。即使是这样,我们这些做学员的也不敢有一丝怨言,甚至认为能被教练使唤是教练看得起自己而引以自豪,以为这样就能在学车时得到教练更多的指点……

总之,4个月的学车生活,让我对教练们的不正之风深恶痛绝!我下定决心:有一天我要做一名合格的教练员,为学员奉献温暖、实惠,而不是对学员"吃拿卡要",教学绝不可以蛮横粗暴。

2003年夏天,听说一所民营驾校要招聘教练员,早有思想准备的我,终于如愿以偿地当上了教练员。

来到驾校后,我每天都有一种莫名的兴奋。一方面我坚持钻研业务,勤学苦练,不断丰富自己的理论知识,熟练掌握驾驶操作技能、提高讲解示范能力等。要给学员一杯水,自己必须先有一桶水,甚至一缸水。我不断总结成功的经验和失败的教训,学以致用,从而增强自身的责任感和紧迫感。另一方面,我不断加强自身道德修养,以身作则,为人师表,努力做到热爱学员,诲人不倦,平等相待。4年来,我教过的学员有400多人,许多人都成了我的好朋友,有好多个家庭的整个家庭成员都是我的学员。

我的体会是:只要你愿意,并且主动地去努力,你就能成为一名合格的教练员。

朱教练学车吃了很多苦头,受了很多刺激,所以立志要做一名好教练员。为了能够当上教练员,他不惜忍受做矫正近视手术的痛苦和辞去原有工作后经济上的损失;当了教练员后,他主动地学习知识、钻研业务,主动地为学员服务。在驾校,他总是以精神饱满、乐呵呵的形象出现。4年过去了,朱教练所在驾校有好几个教学方法,都是以他的名字命名的;几次的招生竞赛,他也都夺得了第一,还被评为市级青年岗位标兵。学员为了上他的车,最少要排队3个月。他想的,他做到了。朱教练的成功,源于他心中的"愿力"。

3. 因素之三——缺乏学习力

吃苦耐劳没问题,出力流汗不含糊,热情服务没的说,一个传统蓝领所具备的优点,大部分教练员基本都具备,但就是教学能力差,何故?缺乏学习力。平时不注重学习、总结和积累,一提学习就头疼。不注重观察,不注重总结,不注重积累,不注重吸收新的知识,只能长期原地踏步。这种类型教练员的表现为:沟通不到位、讲解不到位、示范不到位、工作效率低、合格率低。一句话,会开车不会教开车。一个缺乏学习力的人,只能是人手,而不能是人才,更不是人物。虚心使人进步,学习使人进步,如果既不虚心又不学习,那么只会落得"不换脑袋就换人"的下场。一个不善于学习、没有养成良好学习习惯的教练员,注定是一名平庸的教练员,机会不会垂青他,机遇不会等待他。

在今天,要想不成为时代的落伍者,要想不被竞争所淘汰,学习就是我们唯一的选择。有人说,未来社会只有两种人:一种是忙得要死的人,另一种是找不到工作的人,这取决于学习能力。只有善于学习的人才有光明的前途。

> 2010年9月的一天,我在英国考察时拜会了伦敦的一位驾校校长兼教练莫妮卡。莫妮卡花费了半年的时间和6000英镑的费用取得了汽车驾驶执教证,她非常喜欢这份工作。莫妮卡认为,教学中与学生的交流与沟通是最重要的一个环节,英国是一个多元化的社会,她的学生有着不同的文化背景、教育背景和社会背景,如何在了解他们的文化和心理特点的基础上

> 制订适合他们的教学方案是非常重要的。莫妮卡在教学中感到了知识的重要性,她计划在不久的将来要重回学校,学习教育心理学,深造后再重新执教。

第二节
怎样转换和认知自己的职业角色

一、教练员的角色转换与角色认知

人的一生要扮演不同的角色,每个人都是多种角色的统一体,为人父母、为人子女、为人夫妇、为人兄弟姐妹、为人朋友同事等,同时还要从事不同的职业。人穷其一生只不过是努力扮演好自己的角色而已,因此,任何一个人都会在某些时期面临角色的转换,要摆脱旧角色的影响,认识和适应新的角色。正确的角色认知,也就是人们经常提到的"自我定位",或者说"人贵有自知之明"等。正确的角色认知,对于我们调整心态、干好本职工作、扮演好自己的角色有积极的导向作用。

驾校教练员从各行各业汇集到驾校,担当教练员的角色,面临的首要问题就是角色转换与角色认知。也就是说,如何在内心深处认识教练员的职业和认同教练员的身份。我认为,要做好一名教练员,必须完成如下角色转换:

1. 从自由职业者到技能型教师

大多数教练员来驾校工作之前,是自由职业者,做着与驾驶技能相关的、并非固定的工作。已经形成了各自的职业特点和职业习惯,也各自形成了对人生、对人、对物的不同理解。但来到驾校，身份就变成了技能型教师，是教人学技能的教师。教练员既要面对一批批的学员，还要遵守学校的规章制度，更要加强与教练员团体的合作。其工作的性质不再是一人对一事或一人对一人，而是一对多的关系，各项要求自然是提高了。

驾校教练员与普通教师的区别在于：一是教授的内容不同，前者是驾驶技术，后者是文化知识；二是教学组织形式不同，前者是在驾驶场地手把手动态地进行，后者是在课堂中静态地进行；三是教学场所不同，前者在场地、道路上进行，后者是在固定的教室进行。但同样作为教师，对其根本性的要求是相同的，如教师必须学高一等、技高一等；教师必须言传身教、谨言慎行；教师必须宽容、理解、有爱心；教师必须有团队精神；教师必须有高尚的品德；教师必须有文化素养等。

2. 从技能型到综合素质型

如果说教练员以前从事的职业是凭其技术做相关的工作，其主要处理的是人和事的关系，管好自己、做好事情就可以了，所面临的人际关系也比较单纯、比较集中。但来到驾校做教练员，不但要传授技术，更重要的是处理各种关系，既有人与事的关系，也有人与人的关系。首先，要面对的是背景复杂、个性不一、素质不同、年龄存在差异的各种学员，且必须与他们面对面地打交道；其次，要协调与驾校这一集体的各种关系，而集体中的每一位成员也是有差异的，也要求同存异、顾全大局；再者，还要处理个人需要与学校整体需要之间的矛盾，处理来自学员的、工作的、集体的种种临时的或偶发的事情。同时，教练员不仅要知其然，还要知其所以然，不仅会操作，还要会讲解。这一切都要求教练员必须有较高的综合素质，光有驾驶技术是不行的。教练员的综合素质可以简单概括为文化素质、技能素质、职业道德、心理素质、人际交往素质和耐挫能力等。

3. 从操作员到指导员

如果说，教练员以前的工作是自己操作车辆、自己控制车辆，那么现在的工作是指导别人操作车辆,是在控制好自己情绪的前提下,运用多种手段,通过对学员的控制间接地控制车辆。也就是说,从操作员变成了指导员。这显然是两种不同的状态,也会导致产生两种不同的心态。教别人学,比自己操作要困难得多,累得多。这要求教练员眼观六路、耳听八方,在高度紧张、险象环生的情况下都不能出事,压力和责任都是非常大的,这对教练员的心理也是一种磨练。比如面对学车的人,教练员必须压住性子,不能说笨,再急得要命也必须耐心应对,女学员学车慢、脸皮薄、心理脆弱,更不能多说。教练员教一天车比实际开一天车累得多,坐在副驾驶座上,看似轻松实则受罪。

此外,教练员的能力基于驾驶技术但必须要高于驾驶技术,要对各种可能出现的情况有预见性,而且要善于总结、善于表达、善于传递。也就是说,不仅要善于做,还要善于教。有的人做得好,不一定教得好,指导员的身份,意味着教练员必须是一名老道的多面手,因此,一名好的驾驶员并不等于一名好的教练员。

4. 从自我服务到服务他人

如果说教练员以前从事的工作主要是自我服务型的,也就是管好自己、做好自己的事就可以了,那么来到驾校就必然要服从驾校的管理理念。许多驾校把服务至上作为自己的管理理念,无条件地为学员服务。这就要求作为企业主体、企业主人翁的教练员要有服务意识,要从自身做起,体现企业的管理理念,自觉改变一些自身具有的与企业管理理念不吻合的作风,以企业的规章制度自觉地约束自己,维护企业形象。要服务好学员,就要经常地换位思考,想学员所想,急学员所急;要服务好学员,就不能对学员挑三拣四,就要把学员视为自己的亲人;要服务好学员,就不能任由自己的性格,应把细节工作做好,进行感动式服务。

女王与妻子

英国女王维多利亚是历史上有名的女王,但是她私下和她的丈夫阿尔伯特亲王相处时,不免也有一般家庭的争执场面。

有一次,他们夫妻又吵架了,丈夫阿尔伯特愤而回到卧室,并且关上了门。事后维多利亚女王想想,知道是自己理亏,就在房间外敲门,打算向丈夫道歉。

"谁?"女王敲门后,听到丈夫这样问道。

"英国女王!"

可是屋内没有任何回音,于是女王又敲了敲门。

"谁呀?"

"我是维多利亚。"

可是对方依旧没有开门。

最后,维多利亚又敲了敲门,然后温柔地说道:"对不起,亲爱的,开门好吗?我是你的妻子。"

这回房门从里面打开了。

每个人都要在社会中扮演属于自己的社会角色。当个人在所履行的两个或多个社会角色之间或角色和人格之间,有难以相容感时,就会发生角色冲突。这就要防止角色混同,还要防止角色错位。回到家里,维多利亚女王就是妻子,而不是女王,角色的错位便是冲突的根源。在驾校里,教练员和学员的角色都是双重甚至是多重的,而不同的角色,其权利和义务是各不相同的,不能混为一谈,应该区别对待,否则就会产生角色冲突。教练员既是指导员,也是服务员;学员既是来驾校学习驾驶技术的学生,也是一个花了钱后享受服务的消费者。如果教练员仍然把自己当作"施恩"者,把学员看作"求学"者,动辄训斥,是没有从传统的"师傅"的角色中跳出来的典型表现,是角色的错位。

二、合格教练员应具备的素质

一名驾校教练员应该具备的素质是由驾校的责任、特点和性质所决定的。驾校具有教育功能，驾校教练员作为技能型教师应具备教师的基本素质；驾校具有服务功能，是现代服务行业的一个分类，因此驾校教练员应具备服务人员的基本素质；驾校具有盈利功能，是一个从事商业经营的公司，因此驾校教练员应具备一定管理经营的素质。基于此，一名合格的驾校教练员所具备的素质应包含以下内容：

1. 生理、心理素质

《机动车驾驶员培训管理规定》和交通行业标准《机动车驾驶培训机构资格条件》（简称"规定和标准"）仅要求驾驶操作教练员年龄不超过60周岁，对其他身体情况没作更具体详细的要求，但是根据教练员的工作性质，对教练员的生理和心理素质还是应该有所要求的。由于驾校教练员从事的是动态教学，而且有相当多的教学是在车水马龙的公路上进行的，因此具有一定的危险性，这就要求教练员要精神饱满、精力高度集中。教练员不仅要有好体力，还要有好精神。因为教练员一时的精力不济或打一个盹，可能就会出现车毁人亡的事故。因此患有神经衰弱、失眠和忧郁症的人不能担任驾驶操作教练员。另外，驾校教学训练大都是在车内进行的，车内空间封闭而狭小，教练员对学员的指导又往往是手把手、面对面地进行，如教练员有传染性的疾病，可能会传染学员，这是对学员的不负责任，因此驾校要经常性地组织教练员检查身体。

> 2007年12月24日《江淮晨报》报道：合肥市某驾驶员培训学校的一名教练员患了感冒，仍然上车教学，结果其感冒传染给了学员并迅速波及一起学驾驶的十几名学员。学员本想向驾校负责人反映，但又怕教练员给自己"小鞋"穿，只得忍气吞声。后来，几位实在憋不住的学员给报社打电话，心有余悸地提出："教练员，您身体健康吗？"

2. 专业技术素质

"规定和标准"对驾驶操作教练员专业技术素质的笼统要求是具有一定的安全驾驶经历和相应车型驾驶经历，小型汽车驾驶教练员具有5年以上安全驾驶经历，且有3年以上驾驶小型汽车的经历；经省级道路运输管理机构对道路交通安全法律法规、驾驶技能和驾驶要领讲解、驾驶动作示范、指导驾驶、评教评学等教学能力考试合格。

注意：这里的"5年"是时间概念，"5年以上的安全驾驶经历"不是指"证龄"5年，而是"驾龄"5年。既然是汽车驾校教练员就必须有熟练的驾驶操作能力，"打铁先要自身硬"，光说不练的"假把式"和光练不说的"傻把式"都不具备当驾校教练员的技术素质。只有又能练又能说的"巧把式"才能担任驾校教练员。一个驾校教练员除了要具有熟练的驾驶车辆的专业技术素质外，至少还应具备"四力"，即观察能力、判断能力、指导能力和临危处置能力。

（1）观察能力

观察能力是教练员重要的基本功。对教练员观察能力最基本的要求是准确、灵活、迅速。教练员只有具备很强的观察能力，才能准确无误地获取外部信息，为大脑的分析判断提供可靠的素材，进而作出符合实际的决定，并付诸实施，确保训练的正常进行和训练的安全。教练员的观察能力不仅表现在对训练环境的观察上，还表现在对学员的观察上。学员的学习态度、性格特征、接受问题的能力，教练员都要一一收入眼底，找出症结，因人施教。

（2）判断能力

对于球速、落点、对手及同伴位置与速度的判断不准，是造成一名足球运动员技术失误的重要原因，尤其在高速对抗之中。一名优秀的足球运动员之所以技高一筹，就在于他们能比别人更早地预测到将要出现的局面，因而总是能捷足先登。一名优秀的教练员也要具备很好的判断、预测能力。对车辆的速度、制动的距离、路况的变化以及学员可能出现的问题，都要有提前的预测和正确的判断。唯有如此，才能有效地保证训练正常安全地进行。

（3）指导能力

教练员首先要控制好自己的情绪，在教学中不能使自己的情绪失控，大喜、大怒、大悲、大忧都不利于服务与训练；其次要控制好学员，及时修正学员的误操作；最后要通过对学员的控制进而控制好训练车辆，使车辆保持必要的安全时速、安全距离和安全状态。能否达到安全状态，与教练员及时、准确的指导有直接的关系。一名成熟的教练员总是能恰到好处地或预警，或提醒，或辅助做动作，通过不断的指导纠正学员的错误动作，固化学员正确的动作。

（4）临危处置能力

每位教练员都有这种感受，自己驾驶车辆轻松自如，坐在副驾驶座上看学员驾驶很累。学员驾驶虽不能说是险象环生，但冷不丁地就会折腾出点事来。此时，对教练员是严峻考验，正像古语道："事到无可奈何，方显英雄本色。"在学员手忙脚乱、六神无主之时，教练员既要沉着冷静，又要反应迅速，该出手时就出手。教练员的临危处置能力是长期的驾驶修养在瞬间的表现，是以熟练的驾驶操作技术和冷静的心态为基础的。

3. 理论文化素质

正像一名教练员在接受培训后的总结中写到的那样："我们许多教练员

的现状是肚子里有，但嘴上说不出来；嘴上能说出来，但纸上写不下来。"理论和文化知识储备普遍不足是目前提高驾驶教练员队伍整体素质中迫切需要解决的问题。许多教练员由于理论和文化知识基础薄弱，加之不善学习、不善观察、不善总结、不善归纳，因此，长期原地踏步。有些教练员对理论和文化学习有排斥心理，认为自己是驾驶教练员，只要车开得好就行。这种想法是极其错误的，就好像懂得加减乘除四则混合运算的人，就能当小学数学老师吗？肯定不行，教师必须要掌握教育学、心理学等诸多学科的知识。一名教师必须精通所教学科的基础知识和技能，熟悉学科的基本结构和各部分知识之间的内在联系，了解与该学科相关的知识、学科的发展动向和最新的研究成果以及学科领域的思维方式和方法。教师在学科专业知识方面造诣越深，教学才能越有充分的回旋余地。特别是今天的学生已能通过大量的信息渠道了解许多新鲜的知识，他们提出的问题，往往使教师措手不及，这就要求教师必须全面提高自身素养，适应新时期教育的新要求。当然，教师不可能什么都懂，但广泛涉猎各种知识，形成比较完整的知识结构对教师而言是十分必要的。一名教练员不仅应精通与汽车驾驶专业相关的理论与知识，例如交通法规、交通工程学、汽车构造与使用、驾驶心理学、教育学等，还要掌握驾驶培训的新知识、新成果，例如教学磁板、教学软件的使用等。这是由学员文化程度相差悬殊、素质各异所决定的。如果不能精通这方面的知识，除难以理解教学大纲外，更难以根据学员的实际情况因材施教，不能从专业知识中提取精华传授给学员。教练员只有自己知道得多、会得多，才能保证在教学中游刃有余，才能回答学员提出的各种疑难问题，使学员的学习积极性不断得到鼓舞，正所谓"教练员自己有一桶水，才能给学员一碗水"。

4. 思想道德素质

对教师来讲，没有爱就没有教育，要学为人师、行为世范。无论是基础教育，还是技能教育，教师的思想道德修养都要以爱为基础。对教练员来说，主要表现在以下三个方面：

(1) 爱岗位，把驾培作为事业来对待

有个哲人说过："热爱是最好的老师。"热爱教育是做好教育工作的前提，热爱驾培是做好驾培工作的基础。凡在教育工作中取得卓越成绩、做出突出贡献的优秀教师们，都有一个共同点，就是对工作的热爱，愿为培养青年一代贡献出自己的毕生精力。那些优秀驾驶教练员们也是这样，他们都是把培养合格的驾驶员作为己任，爱岗敬业，无私奉献，钻研业务，严于律己。试想，如果一名教练员对驾培工作不安心，就业而不敬业，上岗而不爱岗，安心而不尽心，在职而不尽职，仅仅把岗位作为临时谋生手段，怎么可能有积极的态度对待本职工作，怎么能在工作中表现出积极性，取得好成绩呢？

(2) 爱学员，把学员作为亲人来对待

热爱学员是教练员职业道德的核心内容，热爱本身就蕴含着巨大的教育力量，它深刻地影响着育人的效果。只有热爱学员，才能架起师生间的情感桥梁，才能充当好"学员知心朋友"的角色。爱学员就要对学员负责，教练员对学员的训练状况、精神状况要全面关心，既要严格要求，又要尊重信任。毕业早一点晚一点事小，学会练好事大；油耗多一点少一点事小，达到训练标准事大；自己多出点力费点事事小，学员是否满意事大。爱学员就要善待学员，对于接受能力差和经常出差错的学员，应以宽容的态度对待。爱因斯坦就曾说过："善于宽容也是教师修养的情感问题。宽容之中蕴含着理解、信任、平等，表明了教育者对自己教育对象积累了足够的信心，也渗透了一种对事业、对学生的诚挚和热爱。"宽容不是迁就，更不是放纵，而是一种充分的理解。

(3) 爱车辆，把车辆作为搭档来对待

战士离不开枪，骑士离不开马，教练员离不开车。如果说，枪是战士手中的宝，马是骑士腿上的脚，那么车就是教练员工作中的搭档。教练员怎么对待车辆，车辆就会怎么对待教练员。一名优秀的教练员要把车当作一个有感情的工作伙伴。如果勤于洗刷、打扫，它就会以整洁、清爽的面孔接待你的客人，给你自尊，给你面子；如果勤于检查保养，它就跑得快、跑得好，不掉队、不抛锚，帮助你完成任务。一个不讲究车辆卫生、不讲究车辆保养的教练员不仅是邋遢懒惰的问题，也是他是否爱岗敬业的问题。

爱岗位，爱学员，爱车辆，其实就是爱自己。孟子曰："爱人者，人恒爱之；敬人者，人恒敬之。"你爱岗敬业，必然会得到领导的赏识、社会的尊重和同事的认同；你爱学员，处处替学员着想，学员自然也会成就你、回报你。"予人玫瑰，手留余香"，说的便是这个道理。

5. 管理经营素质

教练员的管理能力主要是指在教学训练中对学员的控制能力。首先要学会对学员的管理。学员背景不同、年龄不同、性格不同，进入驾校后，教练员要让他们听从指挥、服从安排、遵守纪律、团结他人，没有一定的组织、指挥能力是不行的。教练员既不能采用生硬强制的"命令式"，也不能采用放任自流的"放羊式"，既要追求原则性，又要不失灵活性。有些教练员缺乏控场能力，不敢在大庭广众下讲话，这就自然影响到正常教学训练的有效组织，必须加以改正。其次要掌握现场管理、质量管理、成本管理等的基本内容和方法。要在保证质量的前提下，把学员人均耗油量控制在合理的范围内，让每年每车学员毕业量达到政策允许的最大值。要正确处理好培训质量与培训效率的关系，调动各种教学培训手段，充分利用训练时间，追求相同时间内培训效果的最大效应。

驾校教练员的经营能力主要表现在会招生、讲品牌上。一名教练员和一辆训练车构成了驾校最小的一个经营单元。随着驾培市场竞争的日趋激烈，许多驾校奉行教练员自招自培的政策，即教练员自己招的学员由自己培训，有学员的教练员不仅可以拿到固定的基本工资，还可以拿到动态的招生提成、毕业提成。因此，教练员的经营能力如何不仅关系到自己的收入，还关系到自己在驾校的地位。驾校老板往往会认为一名招不上学员的教练员是有缺陷的，是在浪费自己的资源。这就要求教练员要在维护驾校品牌的同时，还要创建自己的品牌，讲诚信、重信誉。教练员要掌握消费心理学和服务学的基本常识，并加以运用，自觉地做好学员毕业后的售后跟踪服务，形成口碑，保证后续的生源。

三、教练员的"训"与"练"

作为一名从事机动车驾驶培训的教练员，每天都要和"训练"这个词打交道，我们说的是"训练"，领导讲的是"训练"，规章制度、教学大纲、备课本上写的是"训练"，"训练"是我们职业生涯片刻都离不开的词汇。但是，您真正理解了"训练"的含义了吗？您在训练学员的同时，自己是否"训练"好了？

训，按照《辞海》的解释，主要的含义是"教诲、开导"和"典式、法则"。练，是指练习。可见，训练是可以分为"训"与"练"两个方面的，"训"是思想教育，"练"是技术、技能的培训练习。所谓"自古节制之师存乎训练，训以固其心，练以精其技。"

在我国近代史上，曾国藩训练的湘军，是一支有特色的军队。湘军在组建与训练中表现出"训练分开、思想领先"的特色。曾国藩在组建湘军时，除了慎选兵将、合理编制、厚给奖赏外，更重要的是训练得法。曾国藩注重训、练并举，并特别重视"训"的作用，自称"每逢三八操演，集诸勇而教之，反复开说至千百语"，"虽不敢云说法点顽石之头，亦诚欲以苦口滴杜鹃之血"，可见他是非常重视思想教育的。对于"练"，曾国藩强调"治军以勤字为先"，要求各级将领和全体官兵勤于练兵，强化技艺、枪法和阵式。他曾专门访求武师和猎户，请他们帮助教授湘军勇丁军事技能，有时亲自组织单兵军事技能考核。他还亲自制订了《初定营规二十二条》《营规》等，从招募、行军、扎营、训练等方面都做了严格规定，使湘军的训练从一开始就走上了制度化之路。

驾校教练员队伍也是一支"军队"，是在这场"永不休止的交通战争"中，构筑道路交通安全第一道防线的主力军。驾校教练员是否训练有素，直接关系到从车轮下拯救出的生命与财产的数量。

在驾校管理中，是否也应学习和借鉴这种从"训"与"练"两个方面抓教练员队伍呢？回答是肯定的。教练员"训"的内容主要包括车德、师德、职业道德的培育和现代服务意识、现代企业文化的培养。教练员"练"的内容主要指教学能力、沟通能力和招生能力的提高。但是，纵观目前国内各驾校在教练员的管理和教学训练中，普遍存在着"训"与"练"失衡、重"练"而轻"训"的现象。

驾校在教练员队伍的管理上轻"训"的主要表现在于：把招生量、合格率作为衡量教练员优劣的主要指标，把教练员的培训重点放在教练技术上，很少进行师德、职业道德和现代服务意识的培训，致使部分教练员的责任感、使命感与其承担的社会职责不相匹配；致使"潜规则"滋生，行业风气有待改善，教练员的整体社会形象有待提升；致使许多驾校的竞争力不强，发展后劲不足。教练员在教学中轻"训"的主要表现在于：把应试过关作为第一要务，忽视学员"车德"和安全意识的培养，致使许多学员"高分低能"，交通安全没能从源头上抓好。

第三节
怎样成为一名有使命感的教练员

一个企业仅靠制度管理是不行的,因为制度再完善,也不可能自动地全过程地盯着每一个人。如果一个人缺乏责任感和使命感,恐怕什么样的制度都很难生效。一个人一旦踏上了一个工作岗位,就意味着选择了一份责任,拥有了一份使命。其实,当一个人去完成一项任务时,实质上就是在履行一种契约,责任感和使命感就是对契约的遵守和敬畏。只有信仰的力量和自我约束,才能促使一个人不仅能准确无误地去完成任务,而且比要求的做得更出色。

持久而良好的责任感和使命感是每个人都应具备的品德,每一个职业人都必须靠这种持久的职责观念来支撑。没有持久的责任感和使命感,人就会在各种各样的引诱面前把握不住自己;而一旦真正具有了牢固而持久的责任感和使命感,即使最软弱的人也会变得坚强起来,也会在逆境中勇气倍增,在引诱面前不为所动。

教练员的责任感和使命感不是与生俱来的,它是由对生命的尊重、对职业的热爱、对企业的忠诚而产生的,需由长期的自觉的习惯和意识去维护。在责任感和使命感的驱使下,教练员在履行自己的教学任务时,才能真正成为一名尽职尽责的职业教练员。

那么,教练员应该具有哪些责任感和使命感呢?

一、我们从事的工作事关人们的生命与财产的安全

1. 交通事故已成为当今世界第一公害

开车路上最危险的情景是什么？有人说是"天黑路滑'二把刀'"。"天黑路滑'二把刀'"七个字中列举了三"危"："天黑"，能见度低，驾驶困难大，是一"危"；"路滑"，车的制动性能减弱，制动易侧滑，是二"危"；"二把刀"，专指那些有一点本事但手艺不高，"一瓶子不满，半瓶子晃荡"的人，此处指的是驾车新手，此是三"危"。这些危险每天都存在，其危害性可想而知。

在因交通事故逝去的生命中，有许多是深受国人喜爱的演艺明星：

音乐天才张雨生，1997年10月20日凌晨发生车祸严重受伤，11月12日11点48分在昏迷22天后，终因肺炎并发呼吸衰竭逝世，时年31岁。车祸原因：疲劳驾驶，车速太快。

《还珠格格》中的"香妃"刘丹，2000年1月30日清晨6时在深圳高速公路上遭遇车祸不幸身亡，走完了她美丽的26个春秋。车祸原因：在车后座睡觉，没有系安全带，出车祸时被冲击力甩出车后窗，颈椎折断，抢救无效。

著名笑星牛振华，2004年5月11日晚23点20分左右，驾驶车辆在北京白石桥附近与一辆货车发生追尾，不幸去世。车祸原因：海淀交通大队现场勘查取证，最后确认是因为牛振华酒后驾车而导致车祸发生的。

青年笑星洛桑，1995年10月2日，醉酒驾车，由于车速过快，一头撞入停在路中正在修理的货车下，因伤势太重身亡，年仅27岁。收视率很高的节目"洛桑学艺"也从此终止。车祸原因：酒后驾车。

……

中国汽车保有量只有全球平均水平的十分之一,而交通事故死亡人数则占全球总数的五分之一。日本汽车保有量7500万辆,而其每年因交通事故死亡的人数不到1万。

从世界范围看,道路交通事故比空难、海难事故严重得多,造成的死亡人数甚至多于战争,每年造成的经济损失约占各国国内生产总值(GDP)的1%~3%。目前,我国的道路交通事故死伤人数高居世界第一位。

2. 教练员不应成为"马路杀手"的制造者

"马路杀手"一词源于何处无从考证,可是,现代社会不知道"马路杀手"这一词汇的人恐怕并不多。对"马路杀手"的"民间"解释是:指对交通法规一知半解,驾龄在2年以下,不掌握一般性驾驶技巧的交通肇事驾驶人。在"人、车、路、环境"四个因素中,人是最重要的因素。"马路杀手"的产生大致有以下四个因素。

(1) 应试因素

表现之一——考什么教什么。教学大纲难以包含道路驾驶所有的实际驾驶技术,有许多驾驶技术,教学大纲上没有要求,但实际驾驶中又很重要。如果这些驾驶技术驾校不教还情有可原的话,那么连教学大纲上规定的一些项目,有些驾校也很有"技巧"地给缩减甚至省略了,这就说不过去了。

表现之二——从考试出发,而不是从实际驾驶出发。几乎所有驾校的倒桩只教一种方法,因为多教一种方法,就意味着增加时间、增加油耗。而就是这一种方法,也都是以如何更快更多更省地顺利通过考试为检验标准,于是各种应试训练口诀不胫而走。这样教出的学员,虽然在考试中很容易通过,但是在实际驾驶中,如果换了车型,没了桩杆作参照,有时甚至不会倒桩入库。

表现之三——懂不懂不重要,分数重要。许多驾校虽设有理论教员,但从来不进行理论授课,学员理论学习完全靠自学,靠学员的死记硬背来机械记忆，理解了还是没理解，弄懂了还是没弄懂，驾校可不管这些，只要考试通过就行。

表现之四——钻空子，搞投机。为了应付考试，利用"规则"的缺陷钻空子、搞投机，甚至还将之作为教学诀窍，为此把一些错误的教学和操作方法默认为合理的，对学员产生误导。例如，"原地打方向"是实际驾驶中的错误做法，因为这不仅会增加轮胎的摩擦，缩短轮胎的寿命，还会损坏转向系统。可是，自从科目二改为电子桩考后，许多驾校为了提高及格率，都或明或暗地允许学员"原地打方向"，反正，对此现象电子桩考系统不扣分。在百米加减档的训练中教学员踩着离合器踏板，一鼓作气把档位从一档升到五档，然后再如法炮制，从五档减到一档。学员虽然过了关，当时也很高兴，可回过头来一想，什么也没学到。

（2）温室因素

我国的车祸多源于较差的道路交通环境，而驾校的路训环境要比实际道路交通环境好得多，这在大中城市显得尤为突出。在北京、上海这两座特大型城市中，驾校大都位于边远的郊区，例如，上海市机动车驾驶员培训中心就坐落在浦东奉贤星火开发区，它的周边还有许多驾校。这些驾校的路训基本上是在车流量很少的乡间公路上进行的，在这种交通环境中训练出来的学员，拿证后马上到"车如流水马如龙"的市内高架桥上开车，其难度和挑战性可想而知。北京海淀驾校是我国最大的驾校之一，海淀驾校的训练场地有3000余亩地，训练道路达47.5千米，设有城区道路和山区道路、立交桥、盘山路、曲折路、蛇行路、高速公路等，在这里训练的学员，所有科目不用出训练场就可完成。这虽然有利于学员训练时的安全，但学员像"温室的花朵"，以后难以面对复杂路况的考验。

（3）逐利因素

桐乡市某些驾校为了节省教练员，竟然两车共用一名教练。经桐乡市运管所实地调查,该情况属实,之后运管执法人员立即前往其他几所驾校,竟然也发现类似的"二车一教练"的情况。运管所分别依法对这些驾校做出了行政处罚。根据驾培行业标准,驾校拥有在校教练员人数最少也应该是所持教练车数的1.1倍,应该说,驾校内部不可能存在教练员调配不过来的现象。不该出现的情况,为何出现了呢?原因其实很简单,就是驾校为了利益的最大化。为了利益的最大化,在当今的国内驾培行业,这种怪现象还有很多很多。有的驾校为了降低成本,根本不按教学大纲规定和要求去训练,有的驾校比桐乡的某些驾校有过之而无不及,甚至采取"老学员带新学员"的方式训练,学员投诉说,"水货教水货,越教越走形";有的驾校任意克扣学员的学时,减少训练时间;有的驾校一辆教练车安排十几人同时训练,一天下来,学员摸不了几把转向盘;有的驾校用报废的车辆充当教练车,挂不上档,打不着火。据《河南商报》报道:一些强制报废的车辆,送到钢铁厂时价钱在800~1000元,但如果通过私下运作,找人出手续,卖给驾校,价钱则在3000~4000元,有些驾校图便宜买报废车当教练车。郑州市陇海路交警二大队曾接到群众举报,对辖区内几所驾校的教练车进行了突击检查,共暂扣无牌、无手续轿车18辆,越野车1辆。经比对,这些车辆绝大多数都是报废车,其中还有2辆是被盗车。还有一所驾校,有500辆车却只有100亩的训练场,成为名副其实的"马路驾校"。凡此种种,不一而足。这些只注重经济利益而置社会利益于不顾的驾校,学员的驾驶水平能有保证吗?

(4) 投机因素

据《齐鲁晚报》报道:随着驾驶考试新规定的实施,考取驾驶证的难度加大,很多人担心考试不能通过,竟然采取办理假身份证的办法找"枪手"替考。短短一个月的时间,济宁交警就查获40多名"枪手",最多的一天查获10起。这些投机行为,大多是学员的个人行为,当然也不能排除其中有教练员"出高招"的唆使和驾校"睁一只眼闭一只眼"的默许。据《长沙晚报》报道：湖南省交警总队于 2006 年 7 月对 1 名学员、2 名教练员进行贿考的情况作出决定，取消学员刘某已通过的所有考试科目成绩，且 3 年内不得申请考取驾驶证。教练员翦某、孙某顶风违纪，建议交通部门暂停教练员翦某驾驶培训资格；撤销孙某教练员资格，注销其教练员证。

如果参与投机的仅仅只有学员，或还有教练员的话，那还大可不必忧虑，令人忧虑的是驾校和考官也不同程度地参与其中，有替考的，更有卖证的。吉林市公安局交警支队某原副支队长在不足两年时间里，发放了 22156 个未经考试的驾驶证，这些未经考试获得驾驶证的人，仅在当地就造成交通事故 124 起，死亡 11 人，重伤 14 人，轻伤 23 人，经济损失达 122.64 万元。

有人把交通事故称之为"永不休止的交通战争"。自汽车诞生至今的 100 多年间，全世界死于车祸的人已有 2500 多万，比第一次世界大战死亡的人数还多出了 300 多万人，也接近了第二次世界大战死亡人数的一半。在这场"战争"中，教练员不是一名普通的参与者，其不仅自己要参与这场"战争"，在其培训下毕业的学员也要参与这场"战争"。我们不但要保护好自己不要在这场"战争"中受伤和牺牲，不做导致他人受伤和牺牲的"杀手"，还要保护好我们的学员不在这场"战争"中受伤和牺牲，让他们也成为"天使"，而不是"杀手"。因此，作为一名教练员，要不断加强自身的职业道德修养，不断提高自己的教练技术水平，要"以认真教授为荣，以投机取巧为耻；以技术过硬为荣，以行贿过关为耻"，而且还要教育学员"以拒绝行贿为荣，以行贿通过为耻；以正规拿照为荣，以充当杀手为耻"。可以说，教练员的工作直接关系到这场"永不休止的交通战争"的结局。

机动车驾驶教练员是利用机动车辆及辅助教学设备，采用多种教学手段向培训对象传授道路交通安全知识和安全驾驶技能的人员。如果我们教会了学员不仅能熟练地驾驶机动车，同时还让学员养成了良好的车德和驾驶习惯，那么我们就是安全驾驶的引路人，就是把好安全驾驶第一关的人，就是从车轮底下拯救人们生命和财产的人。如果说医生是救死扶伤的人，那教练员就是避死免伤的人，从这个意义上说，我们每天都是在做"护生"的修行，兢兢业业地干好本职工作，也是一种功德。我国车祸发生的数量和死亡总人数高居世界第一，如果全体机动车驾驶教练员能从源头上引好路，把好关，使这一数字减少，那是一份功德无量的事业。上述这些内容是笔者在每一次的"王牌教练员"培训班上必讲的内容，这也是机动车驾驶教练员职业道德的基础，因为我们每天的工作事关人民生命财产的安全，责任重大，使命光荣。真正理解了机动车驾驶教练员的职业内涵并认真践行，无疑是对生命的呵护，作为一名普通人，能够呵护别人的生命，确实是功德！正如"王牌教练员誓词"开头："尊重生命，热爱生活，职业责任，重于泰山。"

为此，提高驾驶员的素质是减少道路交通事故，保障道路交通安全的重要途径。教练员作为驾驶学员的启蒙老师，是落实驾驶员素质教育最重要的实践者，是构筑道路交通安全第一道防线的主力军，肩负着神圣的使命和社会责任。为了让每一位学员成为安全的驾驶员，文明驾驶、平安出行，教练员须牢记三条从业理念——责任如山、以身作则和诚实守信。

因此，我们既然选择机动车驾驶教练员这一职业，就要义无反顾地当好"安全驾驶的引路人"。

二、我们从事的工作事关社会和谐的构建

1. 驾校内不和谐现象之一——吃拿卡要

一个"半成品"教练破了我校5年的"金刚之身"

"2007年8月中旬，我校训练基地教练员王××，在训练期间违反我

> 校规定，接受学员请客吃饭，共花费200元，经校办公会研究决定对该教练员给予除名，并根据驾校规定给予该学员10倍返还，共返还学员费用2000元，驾校领导亲自向学员致歉。
>
> 自驾校成立以来，教练员接受学员请吃的事在我校是第一例，严重损害了学员的利益，破坏了驾校的声誉，影响极其恶劣。希望全体教练员引以为戒，严格自我要求，做到廉洁教学、热情服务，切实为广大学员营造温馨、高效、廉洁的学习和生活氛围。"

以上是笔者曾就职的驾校网站上公布的一则处理决定。在庆祝建校五周年，开展"感恩社会，真情回报"活动之前，我校引以自豪地保持了5年之久的"没有教练员接受学员请吃"的纪录，随着上述事件的发生而被打破。纪录被打破了，但没有人感到高兴，有的只是气愤和困惑。

带着种种困惑，笔者与王教练进行了一次谈话。经了解得知，原来他是没有经过"王牌教练员训练营"训练的"半成品"教练员。

2007年4月，训练基地一度出现教练员紧缺的现象，为缓解教学压力，招聘了几名教练员，由于应聘人数较少，致使培训工作没能按部就班地进行。而王教练由于有教练证，又曾经在其他驾校就过职，没培训几天就上岗了，而当时笔者又在北京出差，没有插手培训工作。王教练根本没有经过职业道德、服务意识、企业文化、规章制度等的系统培训，是一个"半成品"教练员，但就是这个"半成品"教练员，破了由数百个教练员保持了5年之久的"不接受学员请吃"的"金刚之身"。

教训是沉痛的！从"职业驾驶员"到"职业教练员"的转换中，系统培训是不可短斤缺两的！

2. 驾校内不和谐现象之二——粗暴教学

2006年9月初,某驾校学员致电《南京日报》反映:"我花钱到驾校学驾驶,可是教练动不动就呵斥我,有时候嘴里还不干不净,甚至动手打人。我搞不明白,驾校教练到底是旧时候的师傅,还是我花钱请的服务人员?"随后,记者采访发现,该驾校在教学过程中,教练呵斥甚至辱骂学员的现象屡见不鲜。多数学员心里很不舒服,但往往抱着"徒弟"心态逆来顺受。不少学员还反映,部分教练教学方式陈旧,"师傅"心态太重,亟待补上现代服务意识这一课!

一个网名为"红色娘子军"的学员学车结束后,在"学车网"上留下了"从此不再受那奴役苦"的字句。

以上这些事例所反映的这种粗暴教学的现象不仅发生在地方上,也发生在部队里。

笔者所在驾校有个姓李的分校校长,他非常热爱驾培事业,刻苦钻研教学方法,后来成为我校培训教练员的教练。在一次培训新教练员的课堂上,他讲起自己的学车经历:"我是一个农村兵,在部队上学的车,我觉得开车很神气,开车是一项很专业的技术,我学得很认真,我们的教练,不太爱说话,一般不骂人,但动辄拧人,一个动作不到位,教练员就拧学员大腿,搞得我们这帮新兵都不愿出车,每天训练结束,睡觉前我们都伸出右腿比比谁的青块少。吃了几次亏,我长了心眼,在出车前,我向'红军'学习,打裹腿,将背包带裹在大腿上……"

2009年春天,我在某省会城市一个该市乃至该省最大的驾校里参观考察。在训练场上,我看到了这样一幕:一位年过五旬的教练员对一位年轻的男学员进行了严厉的训斥,训斥的原因仅仅是这位学员动作不到位。这一场景就发生在我以及陪同我参观的该校常务副校长的眼前，对此，我给予拍照留念。

我对陪同者说，在驾校里有些教练员打着"严师出高徒""严是爱宽是害"的旗帜，对学员大加训斥，其实这些教练员没有弄懂标准和方法的辩证关系。严格不等于严厉，这在教学训练管理上要做严格的区别。"严格"是对学员管理和训练标准而言的，而"严厉"是对教学方法和教学态度而言的。达到严格的标准，并非只有"严厉"一条途径。赏识教育更符合服务行业，也更适合成人的技能教育。

3. 教练员出现这样不和谐现象的心理误区

（1）"小媳妇"心态

在旧社会，小媳妇是家庭中地位最低的，成天受婆婆的管制，看婆婆的眼色行事，做好饭后先让丈夫和婆婆吃，他们吃完了，自己再吃剩汤剩饭。"百年的大路走成河，多年的媳妇熬成婆"之后，她想起当年自己当小媳妇所受的苦，所遭的罪，于是又变本加厉地对待自己的儿媳妇。这种恶性循环在封建社会里延续了一代又一代。过去的学员终于熬成了今天的教练员，"我们以前都是被打骂学出来的"就成了他们的口头禅，感到"现在的学员没以前'乖'了"，在他的潜意识里，学员不孝敬自己，自己不能像当年的师傅一样威风凛凛，觉得很是委屈。

（2）"师傅"心态

有一部分教练员还没有从传统的"师傅"的角色中转换过来，把自己当作一个恩赐者，满脑子"师者为长、师者为尊"的观念。学员是来"求学"的，他表现得好、表现得乖，我就多教他几手；反之不长眼色、不会来事，就让他吃点苦头、长长记性。

有一位在国有驾校从教几十年快要退休了的老教练员，面对学员的投诉就是想不明白，他说："我训学员、'熊'学员，都是为了他们好，有的学员和我的孩子年龄差不多，我说说他们还怎么了？现在的孩子太娇气了！"从对学员负责的角度，把学员当成孩子和亲人是对的，一定要教会他们、教好他们，不能使他们成为"马路杀手"，但从服务者与被服务者的角度，不管你年龄多大，都不能在学员面前摆"老子"的架子，否则就是角色错位。

（3）无所谓心态

有些教练员认为我吃点、拿点算什么，因此放松了对自己的约束；还有的认为又不是自己主动向学员索要的，都是学员自愿送的，应看作正常的礼尚往来，不必大惊小怪。但是，这些教练员忘记了"勿以善小而不为，勿以恶小而为之"的古训，忘记了做人做事都要讲原则、讲尺度。拿了一盒烟，那也是伸了一次"黑手"，说了句"笨蛋"，那也是张了一次"粗口"。"黑手"和"粗口"都是在扼杀学员学车的美好憧憬，都是对社会文明的践踏；"黑手"和"粗口"都是和教练员的形象格格不入的，都是人生中的一个污点。如果我们每天都把自己当作一名教师来要求，如果我们不仅仅是把汽车驾驶教练当作一项工作来完成，而是将其当作一种事业来做的话，那么我们就不会对发生在驾校中的那些吃拿卡要和粗暴教学等不和谐的现象感到无所谓了。

（4）矛盾心态

面对吃拿卡要，大部分教练员也认为这样不好，教好学员是自己的职责和本分，自己已经获得了相应的报酬，不应再向学员伸手，加重学员的负担，但是大家都这样做，我不这样做，显得我清高，"圣人"似的，我就会被大家孤立。还有一种矛盾心理是，教练员也知道只有廉洁教学、热情服务，驾校才能发展，才有生命力，才有竞争力，自己的工作和收入才能稳定，也非常羡慕好驾校的教学环境和收入，可是又不愿太约束自己，不愿从我做起，于是随波逐流。

三、我们从事的工作事关企业核心价值观的实现

> 美国兰德公司是世界上最著名的咨询公司。它有两条预测闻名于世。一是20世纪50年代，兰德公司接受美国国务院的委托，研究如果美国出兵打朝鲜，中国会怎么办。兰德公司经过3个月的调研，得出的结论是，"中国肯定出兵"。美国高层不以为然，结果是众所周知的。麦克·阿瑟因此说朝鲜战争是在错误的时间、错误的地点发动了一场错误的战争。二是准确地预测了苏联第一艘宇宙飞船上天的年份和月份。
>
> 兰德公司拥有员工1200多名，其中900多人为博士或教授。他们在对世界500强企业进行了20年的跟踪后，于1998年完成了调研报告。他们认为企业保持百年不衰的秘诀在于紧紧抓住了企业核心价值观的三个原则，这三个原则是构建企业心智模式的支柱。第一，人的价值高于物的价值。卓越的公司总是把人的价值放在首位，物的价值放在第二位。第二，共有价值观高于个体价值观。共有价值高于个体价值，共同协作高于独立单干，集体高于个人。卓越的企业所倡导的团队精神、团队文化，其本质就是倡导一种整体高于个体的价值观。第三，社会价值高于利润价值，用户的价值高于生产值。

驾校的首要责任是培养安全驾驶、文明行车的合格驾驶员，其次才是回报投资者和员工。许多驾校都确立了很好的价值观，有的把"服务至上、追求卓越"作为自己的经营理念，有的把"学的是技术，交的是朋友"当作企业文化的核心，有的把"让每个学员都满意"当作行为准则。这些理念、准则靠谁来实施呢？靠全体教练员，靠每一位员工，只有大家都认同这些理念

和准则，都自觉地在工作中践行，那么企业才能实现其价值，才是一个有生命力、竞争力的企业。

承担起应尽责任的教练员，不一定能马上得到回报，但总会得到应有的回报。如果驾校的领导和学员愿意把责任交给你，你应该感到骄傲，因为你有能力承担责任，很多人没有这种能力；如果你承担了责任，学员从你的工作中获得了技能，收获了快乐，你应该感到自豪，因为你有了价值。有了价值，你自然也就有了地位。

社会学家戴维斯说过："放弃了自己应该承担的一份责任，就意味着放弃了自身在这个社会中更好生存的机会。放弃承担责任或者蔑视自身的责任，这就等于在可以自由通行的路上自设障碍，摔跤绊倒的也只能是自己。"

有一些人把责任都归咎于诸如命运或星座这些东西或其他人身上；而另一些人非常懂得如何控制自己的所作所为，并为后果承担责任。为什么二者会有如此大的区别呢？20世纪70年代美国康涅狄格大学心理学教授利安·B. 罗特的研究揭开了这个谜。按照他的观点，心理控制源是决定一个人是否具有责任心的决定因素。具有内控心理控制源的人会认为，事情的发生是因自身而发生的，因此责任在个人；而外控心理控制源的人则习惯于把责任推给不相干的人，认为自己与事情的结果没有关系。

其实，不仅有内控心理控制源和外控心理控制源，科学家们认为还有另外一个因素控制着人的责任感，那就是时间，即人越成熟，就越有责任感。勇于负责的是人才，盲目负责的是蠢材，不负责任的是庸才。

在驾校的工作和生活中，常常会碰到一些职责范围以外的工作，只要站在社会的利益和驾校发展的立场上去考虑，就会为学员着想、为驾校着想，而不是置身其外，采取观望的态度，那么，你所做出的努力也终将会得到回报。

第二章

服务
修炼

第一节
怎样认识教练员的服务职能

以下是一名学员写给其驾校教练的帖子。

> **老师，让我们一起微笑吧**
>
> 亲爱的教练，每次见到您都是在晚上，也许是上了一天班，我们都很累的缘故吧，虽然您的声音是平静的，举止是有礼的，但您那一身的冷漠，真让我觉得夜特别长。我知道你们很累、很辛苦，同样是开车，别人穿行于大街上是消闲，你们却在为我们这些新手(很多还是初次上路的车盲)的安全担惊受怕。同样是工作，我们耗完了8小时就可以自由地休息、娱乐，甚至来学车以打发时间，而因为有我们这样的人，你们还要在8小时之外继续一天的辛苦。同样是老师，我们面对的是少不更事的孩子，或许调皮，或许顽劣，总还知道对老师有纯洁的爱戴；你们却不得不面对很多复杂的社会人，一句话、一个动作，动辄就会有投诉、处理从天而降。现在都在强调维护学生的利益，可你们的利益谁来维护？有时我真想不来

了，让你早些休息吧。我知道在这样的工作与生活压力面前，再让你们带着像服务小姐一样的标准微笑太难了，但是亲爱的老师，偶尔，只是偶尔对您的学生笑一下，真的不是很难。

还记得我第一次去找您时，旁边的教练车正在忙着擦车的教练抬头冲我微微一笑。当时，我心里好感动，要知道我只是在报名时见过他一小会儿而已，如果不是在这样的场合遇到，我甚至记不得他的样子，但是他的微笑分明是属于一个很熟悉的朋友的。而您，我的教练，我们要一起度过很枯燥、很漫长的许多冬夜，您却连一句寒暄都不曾给我，更别说哪怕一个招呼、一个笑脸了。您有没有想过，来到这里，我们也很累，您的学生——我也是顶着压力工作的上班族；来到这里，我们真希望能体会到你们轻松学车的教育理念。也许我的精神状态确实不够好，学习效率也不高，那是因为白天太累了。教练，我们互相体谅一下，可以吗？您还记得我第一次上车，因为我老是熄火，您训了我几次吧？您还记得我不会用转向盘，您手把手地教过我吗？您还记得我第二次学倒桩还不会，您的奚落与急躁吧？您知不知道，如果不是害怕犯错被您呵斥，我会做得更好。也许这样的严厉对我是激励，是督促，可我更希望得到您的肯定与鼓励。您还记不记得有次我倒桩很好，您在我的极力要求下言不由衷地夸了我一句，不论真假，我当时真的很高兴——您一定觉得很好笑吧。哪个人不喜欢被人夸，其实在您面前，我就是您的学生，哪一个学生不希望得到老师的关注与肯定呢？

教练，其实我是个很外向的人，面对再多的学生，我都可以从容自若，可我却不知道该怎么面对您。或许这是互相影响的恶性循环吧，因为您的严肃制约了我的本性。我知道您是一个很好的人，虽然您从不会笑着纠正我的错误，可我开车时，您的眼神比我还专注，因为我的水平确实很"菜"，您的手是最及时的，好多次我手足无措时，是您化险为夷。您是一个认真负责的老师,无论是言行还是仪表,您都做到了学高为师、身正为范。只是,老师,我真希望我们的学习过程可以更快乐一些,不用您训斥,您说的每句话我也会记住的,会记得很牢固,就像我现在还记得20年前老师的一次表扬一样。

生活中谁都有太多不如意,但是就因为如此,我们才要学会让自己随时开心。教练,我希望再坐在您身边时,我会不再害怕出错。就当我犯了一个很可笑的错误也好,我们一起笑笑吧!

花开的声音

这是发生在我们驾校的故事,故事的男主角是一位严肃而负责任的教练员,学员是一位非常善解人意的小学女教师,她对教练的职业道德、敬业精神和专业能力都很满意,不满意的只有一条——教练员不对她微笑,于是她在我们驾校的论坛上发了上面这个帖子。

看到署名"花开的声音"的学员留在驾校"学员心声"上的帖子后,我反复读了几遍,思考了很多,驾校是不是服务行业?我们的经营理念和治校方针应该如何定位?教练员是否就应该"带着服务员一样的标准微笑"?驾校的服务有何特点?教练员在服务中有何误区?……后来,在全体教职员工会上,我全文宣读了这个帖子,并要求开展一次大讨论。经过讨论,我们统一了思想,也就有了下面的见解和观点。

一、驾校是服务行业

提到服务业,大家很容易想到餐饮、交通运输、金融、旅游等行业,但这远不是服务业的全部。根据服务目的及服务主体的不同,服务业有服务产业和服务事业之分，按照《全国第三产业普查行业分类及代码》，服务业(第三产业)包括三大类：①为促进生产和提升居民生活而服务的行业或部门(包括农林牧渔服务业、交通运输业、仓储业、餐饮业、金融业等)；②为提高科学文化水平和居民素质而服务的行业或部门(包括体育、卫生、社会福利、教育、文化艺术、科学研究等)；③为管理国家和社会而服务的部门(包括国家党政机关、军队和武装警察部队、社会团体等)。以增值为目的的提供服务产品的生产部门和企业集合叫服务产业，以满足社会公共需要为目的的提供服务产品的政府行为集合叫服务事业。在我们当前的意识里，普遍认同以各企业为主体的服务产业的服务业身份，但对于以政府为主体的服务事业，似乎并没有多少人意识到它们也是"服务业"这一大家族中的重要一员。

现代服务业是指那些不生产商品和货物，提供技术、指导、服务的产业，笼统地说，就是除了农业和工业以外的产业。现代服务业分为生活服务业、生产服务业与营销服务业。生活服务业属于消费领域，其发展可以体现为人民的生活水平、生活质量、生活内容的改善和充实，教育培训是生活服务业中的一类。驾校教练员应该给自己的职业进行重新定位，着重提高服务质量，而相关部门更应从管理层面、技术层面双管齐下，从根本上清除驾培"服务死角"。

如果从法律的角度来理解，学员在驾校报过名后，实际上就与驾校签订了技术培训合同。驾校和学员之间是一种技术服务关系。驾校提供场地、车辆和人员等技术培训上的服务，学员提供享受这种培训的费用。因此，去驾校学习也属于消费范畴。根据《中华人民共和国消费者权益保护法》第二章第十四条，消费者在接受服务时，享有人格尊严得到尊重的权利。现实中，教练员代表驾校履行职务行为，教练员对学员太凶，甚至随意辱骂，正是触犯了这一条款。

在驾校，教练员是学员与驾校之间的桥梁，是驾校的化身，就如同去商店买东西一样,见到售货员就足矣,不会想到去见生产这个东西的人。钱钟书更精彩地总结过:"鸡蛋好吃就可以了,何必非要去见下蛋的母鸡。"因此,学员对驾校服务质量优劣的判断很大程度上取决于教练的服务态度。随着驾培市场越来越规范,学员对教练员的服务要求也越来越高。

我国的现代服务业是一个还需要不断成熟和完善的新产业。驾校与专业学校一样,传授专业技能,是"为提高科学文化水平和居民素质而服务的行业或部门"中的一分子。只有明确了驾校也是服务行业的归属和定位,才能更有针对性地改善不足、谋求发展。

二、驾校服务的层次

学员在进入驾校后,都会对驾校教学与服务存有一定的期望值,即一种服务预期,主要是对教练员教学服务满意的期待和对教学服务不满意的担忧。归纳起来,学员对教练员的要求有高、中、低三个档次:

低级要求:不打人,不骂人,不训人,不拿人。

中级要求:热情服务,认真教学,有问必答,有求必应。

高级要求:对待学员要像春天一样温暖,对待工作要像夏天一样火热,对待技术要像秋天一样成熟,对待安全隐患要像严冬一样无情。

马斯洛的需求层次理论告诉我们,人的需求分成生理、安全、社交、尊重和自我实现五类,依次由较低层次到较高层次。已经满足的需求,不再是激励因素。人们总是在力图满足某种需求,一旦一种需求得到满足,就会有另一种需求取而代之。学员的要求也是这样,在低级要求满足后,他们就会有中级要求。根据学员的要求和驾校工作的特点,驾校的服务可分为四个层次:

1)基本服务——就是说到做到,履行合同要求的最起码的服务。也就是在规定的时间内，按照规定的教学内容和规范的服务流程，让学员在得到应有尊重的情况下，达到教学大纲的要求，顺利毕业，拿到驾驶证。这就和我们到饭店就餐，饭店必须保证饭菜干净卫生；我们去乘车，公交公司必须保证安全准点一样。虽然是最起码的服务，但也并不是每一所驾校、每一位教练员都能做到的。

有一所驾校，为了取得当地劳动局再就业办公室的信任，争得为失业人员培训驾驶技术的机会，许诺专车接送学员，每天管一顿午餐，保证3个月拿证。签订合同接受委托后，所做的许诺几乎全部落空：班车接了一周就停止了，免费午餐从来没见过。更令人不能容忍的是，由于几个股东的利益之争，致使驾校无法正常训练与运转，最后教练车被法院查封，驾校关门，使上百名失业的职工又变成了失学的学员。

2）满意服务——就是给学员细节化、个性化、快捷化的服务。在学员没有意识到潜在的问题，或者隐隐约约地察觉到了，不知怎样解决以至提不出来或也可能不好意思提出来时，教练员要有发现并解决问题的能力。要做到给学员以满意的服务，就要做到三个充分理解，即充分理解学员的心态，充分理解学员的需求，充分理解学员的过错。有些问题的解决可能会触及教练员当前的利益，但是从长远来看，这是行业完善和个人完善所必需的，其潜在效益也是难以估算的。

一壶水造就了一个忠诚学员

肖教练，初中毕业，当过保安，1995年学车后，先后在几家企事业单位给领导开小车，2004年到驾校担任教练员。他和许多农村出身的优秀教练员有着一个同样的特点，既没有多少文化知识，能力也不突出，但在"一切为了学员"的企业文化熏陶下，他对学员的服务是真诚和到位的。

2007年7月，63岁的李女士被分给他当学员，李女士退休前在某企业

> 从事营销工作，她性格开朗，能说能唱，学习认真，从不缺课。李女士还有一个特点就是很能喝水，她是下午班的学员，每次训练她自己就要喝一壶水。李女士在上车的第二天就发现肖教练从家里又拿来了一个大壶，自此以后她还发现每次训练前肖教练都会提前打满开水。更令李女士感动的是，在进行路考测试的那天，她坐上了班车等待测试，肖教练拿着一杯水送上班车说："大姨，测试需要很长时间，你不能缺了水。"就是这一杯水的服务，就是这个性化、细节化的服务，使李女士与肖教练成了忘年交。
>
> 俗话说：投之以桃，报之以李。肖教练的"一杯水"换来了"大姨学员"的友谊和鼎力相助。同年9月，驾校开展了"感恩社会、真情回报"招生会战，李女士几乎天天到驾校给肖教练送学员，有时坐着公交车来送，有时亲自驾着自己的伊兰特来送，她把一起跳健美操的老姐妹、自己的亲属、小区的保安等十几人都动员来学车，最后肖教练以11天招收98人的业绩夺得招生状元，而李女士也被评为"十佳教练员之友"。

网友"花开的声音"所提出的微笑服务是满意服务中不可或缺的内容。微笑可以化解学员的紧张，微笑可以缓解学员的压力，微笑可以减少师生的陌生，微笑可以使生活更加美好，微笑是最珍贵的交流，是最动人的"语言"，最真诚的微笑是通向世界的最好护照，是打动人心的最好方式，是满意服务的最起码要求。但能不能微笑取决于心态，取决于你有没有光明的思维。

一个专业拓展培训师的笑脸

2007年，我带着驾校主管以上的骨干进行了一次户外拓展培训，主持培训的是南京道明管理咨询公司山东分公司的经理王国庆先生，王老师年龄在四十上下，是一位大学讲师出身的职业拓展培训师，有较高的理论功底和带队经验。拓展师的工作不仅是一个智力活,也是一个体力活。活动中,王老师爬上爬下,引导保护着队员完成一个个项目,虽然很累,但他的脸上始终挂着灿烂的笑容,而就是这种灿烂的笑容给了在困境中的队员以很大的鼓励,这笑容似乎也成了王老师的标志。一整天的训练非常紧张充实,也很刺激,大家不仅挑战了自我,同时也感悟了很多道理。在最后一个项目"逃生墙"结束后,队员纷纷与王老师合影留念,当大家基本都离去后,我与王老师和另外两位拓展师一起也合了个影,王老师依然笑得很灿烂。可合影完毕,王老师一屁股坐在地上起不来了,原来他的脚脖子崴了,肿得像个馒头,这时的王老师龇牙咧嘴地脱鞋,满脸的痛苦。

第二天,我到宾馆去看他,谈起此事,王老师说了一番让我至今难忘的话,他说:"没有备用的拓展训练师,训练营已经开营,说了也没用,我只有咬牙坚持。我没有把痛苦传递给队员的权利,不能因为我的这点痛苦影响训练,扫大家的兴,在许多高难度的挑战项目面前,大家本来就紧张、胆怯,我的状态对他们影响很大,我轻松了,队员们也就放松了。"

我们的教练员都带有很多的工作和生活压力,也有很多的不如意甚至是痛苦,可是当我们面对学员时,是否也能像王老师那样灿烂地笑呢?

3)超值服务——所谓超值服务就是指所提供的服务除了满足学员的正常需求外,还有部分超出了正常需求,从而使服务质量超过了学员的正常预期。通俗地说,就是指那些可做可不做,但做了之后让学员更加满意、觉得有更大收获的服务。从根本上讲,提供超值服务既是一种"价格战",又是一种"心理战"。所谓的"价格战",就是要在不提高学费的同时提供一些额外的服务,成本虽有所增加,却吸引了更多学员。"心理战"就是变相降价,由服务方主动提出,可以充分地显示出驾校的诚意,也可以借此拉近与学员的关系,满足其心理需求,使学员获得一种"贵宾"感。例如,驾校在学费没有增加的情况下，给毕业学员赠送时间长短不一的陪练服务。

> 2007年10月28日，我在驾校下属的一个训练基地召开了一个大车学员座谈会，邀请了20名农村学员参加。他们年龄大的36岁，小的24岁。谈起学车的动因，有15位是厌倦了打工的生活，学车是为了改行、改变生活，这其中有6位准备结业后开跑长途的大货车，有4位已经找到了见习的地方。针对这一情况，我试探性地问：如果在学车的过程中，给你们增加诸如长途行车的安全常识、如何配货，怎样卸货，违章后如何处理，如何处理好与老板的关系等讲座，大家是否有兴趣参加？参加座谈会的所有学员均表示非常乐意参加，接着我向大家介绍了与会的训练基地冯副主任，说："冯主任有多年的长途运输经验，也是我们教练员中的秀才，现在我就委托他结合自己的体会并综合其他教练员的经验准备讲稿，一周后开讲。"学员报以热烈掌声。学车练车之外实用技能和知识的培训，不只是超值服务的内容，其实也是规范化学习的要求，可做可不做的事，做了就是创新和亮点，也是吸引学员的宣传手段。

4）感动服务——就是学员根本没有想到、远远超出预期、深受感动难以忘怀的服务。满足学员提出来的合理要求，不足为奇，这是每个教练员都应做到和都能做到的，然而，能捕捉到连学员自己都没有想到而又确实需要的需求，那才是教练员的水平和艺术，这肯定会使学员激动不已，甚至终生难忘。有时让人们感动的可能就是特定环境下的一句话或者一件小事。

> 某电视台搞有奖竞赛，面对女观众征集男人说出的最动人的一句话。霎时，美丽的话铺天盖地涌到电视台，说的都是海枯石烂、天荒地老也不与君绝之类的话。最后获奖的却是这样一句："你躺着，我起来。"大家都想不明白这简单的六个字到底有什么动人之处，电视台采访了获奖女观众。女观众这样说道，深夜里，他和她都沉睡在香甜的梦中，突然被儿童

床上的幼儿哭声惊醒，她刚想起床察看，他却伸手按住她，说："你躺着，我起来"。下面的观众先是沉默，继而爆发出热烈的掌声，每个人的眼里都闪着莹莹的泪光。

作为一个驾校的教练员，我们要把学员当作亲人，那么最让学员感动的一句话是什么？只有找出学员的需求点和感动点，才能更有针对性地改进培训和招生工作。

"创造感动"也是海尔的服务理念。海尔人信奉，世界上并不一定有十全十美的产品，但能通过百分之百的服务让客户满意。张瑞敏在诠释海尔的服务时，举过这样的一个例子：2002年7月，在一个商场里有个用户打电话说要买商用空调。我们的直销员在电话里听到孩子哇哇的哭声，因此她去送空调时就背了个包。她看到用户的小孩身上长了痱子，在床上哭，就从包里拿出了痱子粉，然后帮用户抱着孩子，抹上痱子粉，让用户干其他的事。用户非常感动，向邻居大力推荐海尔空调。

一个孕妇的学车故事

2005年夏天的一天早晨，我接到一位姓李的女学员的投诉电话，说班车太挤了，自己是孕妇，虽有座，但是其他许多学员没有座。我解释道：因今天路考人多，明天就不挤了。放下电话，我将训练队队长、学员部主任、办公室主任召集在一起说道："学车不容易，一个怀孕的女同胞在炎热的'三伏'天学车更不容易，我们要为她做点什么？"经过研究，做了五项安排：一是由住在李女士家附近的一名中队长专车专程接送她到校，二是食堂单独给她开小灶，三是中午安排她在老年休息室午休，四是将训练车由不带转向助力的桑塔纳换成有转向助力的捷达车，五是制订专门的"孕妇训练方案"。随着五条措施的逐步落实，李女士一次次地被感动，每落实一条,我便接到她的一次电话,她一次次地重复道:"我很泼辣,我没事,不用特殊照顾。"最后,李女士顺利地拿到了驾驶证,她很高兴,我们更高兴,我们不仅又发展了一个忠诚客户,而且还形成了一个"孕妇驾驶培训法"。

三、教练员在服务中的误区

驾校间的竞争在经历了硬件的竞争、价格的竞争后,如今竞争的焦点已经演变为服务的竞争。驾校的硬件设施是至关重要的,软件服务的提升则真正显示了"由蛹化蝶"的本质。服务机制的完善程度直接代表着驾校体制的先进程度,服务环节的完善程度直接反映着驾校的经营水平和经营能力,可以说,服务是驾校全部经营活动的出发点和落脚点。服务是企业文化、企业内在品质、企业员工素质最生动而无可替代的展示,服务是树立形象的基础、提高效益的前提。服务体系的完善程度,服务质量的优劣程度,以及由此带来的学员对品牌的综合满意度,将成为未来竞争强弱的最大试金石,服务已成为了驾校生存的生命线,具有现代服务精神的教练员也日益成为驾校竞逐的焦点。服务是驾校工作重点中的重点,难点中的难点。

教练员出售的是两个产品——技术和态度,我们许多教练员却重视了技术,忽视了态度。微软公司总裁比尔·盖茨曾经说过:"无论你在什么地方,员工和员工之间在竞争智慧和能力的同时,也在竞争态度。一个人的态度直接决定了他的行为,决定了他对待工作是尽心尽力,还是敷衍了事;是安于现状,还是积极进取。态度越积极,决心越大,对工作投入的心血越多,他从工作中所获得的回报也就越多。"作为一名教练员,你每天的工作都在被学员检验着,天地之间有杆秤,那秤砣就是老百姓,那些在检验中没有过关的往往是存有下面的问题。

1. 被动式服务

有些教练员观念陈旧，认为讲服务就是低三下四地伺候人，讲服务就是贬低身份、降低层次。因此，心不甘情不愿，把服务当成老板的要求而不得不为之，服务起来不安心、不热心、不用心，当然学员也不舒心。要变被动为主动，要以各种激励措施让教练员"乐在服务"，让他们从服务中体现价值，从服务中得到成长，从服务中积累人脉，从服务中创造财富，从服务中寻找快乐。

2. 活动式服务

有些驾校老板号召一阵子，员工就应付一阵子，谁也不愿当"不长眼的棒槌"。把服务当作一项临时任务，服务停留在口头上，停留在表面文章上，服务就没有根，刮刮风作作秀，风过之后便偃旗息鼓，"外甥打灯笼，照旧（舅）"。

3. 诉后服务

有些教练员平时不把服务当真经，不注意观察学员的反应，对学员的抱怨熟视无睹，敷衍搪塞，极尽对付，以致学员忍无可忍，进行投诉和要求调换教练后，才有所触动，"不诉不灵""不曝光不慌"，甚至有的被投诉后仍固执己见，背着牛头不认赃，这是服务误区中的重灾区。

四、学习雷锋好榜样

雷锋是新中国成立以来几代人心目中的英雄，雷锋的名字在神州大地家喻户晓，雷锋精神已深入人心。雷锋精神其实质和核心是全心全意为人民服务，为了人民的事业无私奉献。他的名言"人的生命是有限的，可是，为人民服务是无限的，我要把有限的生命投入到无限的为人民服务之中去。"就是雷锋精神的最好诠释。雷锋精神已经成为我们这个时代精神文明的同义语、先进文化的标志。雷锋精神是我们构建社会主义和谐社会所不可缺少的民族精神。

雷锋是汽车兵，没有哪种精神能比雷锋精神在汽车驾驶及驾驶培训这一领域更具影响力了，因此驾校应该大力倡导雷锋精神，并把学习雷锋活动当作提升教练员素质、增强驾校竞争力的有效措施来抓好。在开展学雷锋的活动中要发出一个宣战，叫响两个口号，杜绝三种行为，倡导四种语言。一个宣战：向"马路杀手"宣战，把好安全驾驶的第一关；两个口号：一是"雷锋是我榜样，我是雷锋同行"，二是对待学员要像春天一样温暖，对待工作要像夏天一样火热，对待技术要像秋天一样成熟，对待安全隐患要像严冬一样残酷无情；三种行为：一是吃拿卡要，二是粗暴教学，三是不思进取；四种语言：感恩的话，赞美的话，鼓励的话，文明的话。

第二节
怎样把握驾校服务的特点和关键时刻

一、驾校服务的特点

1. 从形态上看驾校服务具有隐蔽性

驾校服务具有隐蔽性的第一个特点就是无形性。服务不是实物，这是服务与有形商品之间最基本的区别。因为服务没有实物,它不可能像有形商品那样可以被顾客的视觉、听觉、触觉等直观地感知和识别,所以也很难向顾客展示和沟通。例如,餐饮服务是最具实物形态的饭店产品,但它仍然具有服务的无形性特点。服务本身是看不见、摸不着的无形的东西,消费者不能把服务本身购买回家,他带回去的只是服务产生的效果,是服务对消费者所产生的生理、心理、感官上的作用和影响。对就餐宾客来说,他除了享受到了餐饮事物的色、香、味、形以外,更重要的是餐厅的环境气氛、服务员的热情服务所给予的感官上和心理上的满足,而这一切正是服务的结果。顾客购买服务时买的是一种承诺,他们看不到自己购买的这种无形产品,却同意先掏钱再享受服务。顾客可以试穿服装,却不能试用律师的服务。对于服务,只能先掏钱成交,再期望能得到满意的服务。我们经常看到一些有形产品的展览会,但服务的展览会却较之少见,原因正在于此。

驾校服务具有隐蔽性的另一个特点是教学单位小所决定的。其他学校的教学是以班级为单位组织进行的,几十个甚至上百个学生听一个老师的课,这个老师水平如何,态度如何,完全暴露在众目睽睽、大庭广众之下,没有隐蔽性而言。可是驾校的教练员却不同了,按着教练车的容量一般是一对四的教学。有些大中城市的驾校,实行预约式教学,教学是一对一地进行。教学过程中,教练员的服务如何,管理人员不清楚,其他学员往往也不清楚,或者清楚但也不愿意反映,这就给服务结果的考核与评估增加了难度,给服务失败的处理增加了难度,一个驾校的管理人员会不可避免地经常遇到这一难题。因此,一个驾校管理水平的高低,往往可以从服务投诉机制是否健全、完善、有效而略见一斑。

2. 从性质上看驾校服务具有差异性

服务具有差异性一方面是指教练员服务水平的差异。教练员因个人素质、训练经验、教学水平、敬业精神的差异造成服务水平有差异。这种差异性既有同校的对比，也有此校与彼校的对比。因此，一个教练员，不仅要有良好的服务意识，还要有良好的服务技能。另外，教练员会由于心情的变化、工作的压力、家庭的变故、身体的状况等这样或那样的因素导致情绪波动，影响服务质量，致使服务缩水、服务打折。因此，服务工作要反复抓，抓反复，经常抓，抓经常。

难道真的是"橘生淮北则为枳"吗？

我校有位教练员，教学水平和服务态度均属上乘，见到领导和学员往往是腼腆地一笑，大家都很喜欢他。后来把他作为骨干调到另一个训练基地工作，半年后，我连续收到学员对他的投诉，其中一位年过半百的老学员在电话里气愤地说："我倒桩时，动作不到位，他居然用手掐我的脖子"。我将训练基地的主任叫到办公室，劈头盖脸地训了一顿："在总校里表现上乘的教练，怎么到了你那里就判若两人了呢？你怎么带的队伍？"这位主任手挠着头皮说："难道真的是'橘生淮南则为橘，橘生淮北则为枳'吗？"经过调查，这位教练最近确实情绪低落且反复无常，动辄发火，让人难以琢磨。在我与他谈话时，这位教练道出了原委，原来他患有严重的痔疮，在听信了小诊所的广告就诊后，不仅没治好反而加重了，现在到了大便困难的程度，精神上非常痛苦，甚至产生了轻生的念头。在工作上往往控制不住情绪，服务打折。后来我给他批了假，借了钱，并亲自带他到省重点的"市中医院痔瘘科"住院治疗。康复后，他又恢复了往日的风采，重新获得了学员的尊重。

服务具有差异性另一方面是指学员感受的差异。驾校的服务与学员的需求有关，而学员的需求总是随着社会的发展进步而不断变化，因此，服务没有一成不变的固定模式。在驾校中，学员对服务质量的评价完全来自自己的主观感受，因此同样的服务水平，可能这个学员已经非常满意，但那个学员却不认同。从这个意义上说，世界上没有两种完全一致的服务，因为服务必须通过不同的人去完成，并由不同的人接受，由此可见，服务质量是一种主观的感受，不同的学员有不同的评价标准。这种差异性的特点使得制订教练员服务的标准和规范十分困难。对于有形产品来说，各个行业都有一个产品的质量标准，甚至是国家标准，我们可以用一些计量手段进行监测和衡量，但服务不行。比方说啤酒瓶，围绕与消费者人身安全相关的指标，可以制订啤酒瓶的耐内压力、抗冲击强度等质量标准，这些标准都是可以统一规定并能够检测出来的。在一些欧美国家，所有进入超市的水果都必须经过检测，对水果的外观、光鲜度、含糖量进行检测，达到一定标准才允许上市交易。但对于服务来说，我们几乎无法制订这个标准，比如说职业微笑，嘴巴张得多开才算是微笑？标准的职业微笑是露四颗牙好还是露八颗牙好？这个问题可能因人而异，并且每个人对他的感受和评价也不尽相同。

教练员在教学中针对学员出错后使用频率很高的一个疑问句是：你怎么回事？同样是这句话，由于教练员的语气不同、表情不同、肢体语言不同，其结果也会不同；由于当时的场景不同、气氛不同、上车的时间不同，结果也会不同；由于面对的学员背景不同、修养不同、年龄不同、经历不同，结果还会不同。同样是这句话，有的学员十分恼火，也有的学员不当回事。还是同样这句话，有学员把它当成投诉时的证据，也有教练员把它当成没说什么的辩解词。你很难判断这是正常教学，还是训斥学员，因此必须结合特定的环境去综合判断谁是谁非。

3. 从范围上看驾校服务具有全员性

在驾校，教练员无疑是教学与服务的主体。在提高驾校服务的整体水平工作中，最为重要的无疑还是教练员。驾校的管理人员是这样想的，广大学员也是这样想的，但是驾校的服务链条是由多个环节组成的，每一个环节都是整体的重要组成部分，哪个环节出了问题都会影响到整体形象。在一些管理正规、社会形象好的驾校里，前台和后勤的服务往往会成为"短板"与"瓶颈"。2007年8月30日在我们驾校网站"学员论坛"中，一位叫"白多黑少"的网友发了下面这个帖子：

贵校大厅人员素质有待提高！

驾校的领导，您好！我是一名刚毕业的学员，上周去贵校领取驾驶证，教练陪我一起去的前台，但发放驾驶证的工作人员态度极为恶劣，板着个脸，就像是我们欠她钱。她磨磨蹭蹭地打手机，由于我着急坐班车回家，教练催促她快一点，她竟用白眼瞪我们。什么态度！在学车的日子里，接触的教练服务态度都非常好，我们有什么问题，他们都很热心地给我们解决，让我们感动。但是，前台服务人员的素质和水平，与驾校的声誉不成正比，希望驾校领导别让个别人的行为给驾校抹黑。我去报名的时候，大厅有几个小姑娘态度还是很热情的。

一个企业的大厅是企业的形象窗口，像这样形象气质不好、不敬业的人员是否该留在这个岗位？

顺便说一句，后来教练告诉我，那女的是通过校长关系进来的。试问，通过学校领导关系进来的就可以飞扬跋扈吗？就可以有特权吗？就可以对学员和教练使脸色吗？

希望学校领导别只对教练管得那么严格，还要加强对其他部门的管理。

此帖一挂出，引起网友们的热烈讨论，短短几天内就有四十多个跟帖，有的表达了同感，有的表达了忧虑，有的提供了线索，有的提出了建议。我明确地作了如下表态：首先对我们工作人员给您造成的不愉快表示歉意，希望您尽快与我们联系，以便我们进行调查。对您毕业后仍然关注我们并提出意见，表示衷心感谢。在我们驾校，所有人员都是平等的，任何人伤害学员的感情和利益，我们都会一视同仁地处理。我们不会冤枉一个优秀的员工，也绝对不会纵容一个不合格的员工。不管他是否是领导关系进来的，只要违反了我们的纪律，侵害了学员的权益，我们一定严肃处理！请所有的朋友对我们进行监督！

后来经过调查，网友"白多黑少"反映的情况基本属实，我们对当事的前台人员按规定进行了严肃处理，并将处理结果在论坛中予以公布，得到了众多网友的谅解与好评。

4. 从时间上看驾校服务具有长期性

驾校服务具有长期性是由教练员的责任与使命决定的。公安交管部门公布的交通事故统计数据显示，3年以下驾龄的新手在其中占据了很大比例，帮助这些新手度过驾驶的"危险期"是降低交通事故的关键。为此，有关部门制定了"交通事故倒查制度"，也就是说，发生交通事故后，交管部门在追究驾车人责任的同时，也追究其路考考官、驾校教练，甚至体检部门的责任，轻则罚款教育，重则开除。这项制度首先在沈阳市实施，引起了极大关注。之后，北京、上海、山东、辽宁、河南、甘肃、广西、四川等省市也都相继落实了交通事故责任倒查制度。这项措施是否合理，是否能够经得起时间的考验，是否具有可操作性，我们姑且不论。它的作用是提醒驾校和教练员在学员拿了驾驶证后的驾驶风险也关系到驾校与教练员的利益，即使学员离开驾校，驾校与教练员仍有继续关心学员的责任与义务。

教练员服务的长期性是由学员的需求决定的。教练员是学员安全驾驶的启蒙老师，学员在驾校学习与训练的时间是有限的，学员拿到驾驶证，马上就有车开的"趁热打铁"族不占多数，大部分学员一段时间内将成为有"照龄"而无"驾龄"的"荷包驾照"一族。不管是"趁热打铁"族，还是

"荷包驾照"族,他们单独驾驶时都会面临许许多多的困难与问题:复杂的路况、不同的车型、知识的盲点都会使他们束手无策,甚至一筹莫展,这时他们想到和求助的就会是教练员。因此,教练员要有"扶上马送一程"的"售后服务"意识,一方面在学员打来求助电话时,及时给以指导;另一方面,要建立学员档案,对学员的驾驶水平和所驾车型做到心中有数,适时地给学员以提醒服务,防患于未然。

驾校服务的长期性是由驾校自身发展的需要所决定的。我国驾培市场自实现社会办学后,供不应求的局面彻底改变,市场竞争十分激烈。为了生存和发展,各驾校纷纷高起点、长规划,在提高教学与服务质量上做文章,着力打造"口碑效应",拓展服务的深度与广度。谁的质量好、服务优,谁就能生存与发展,反之则会被淘汰出局。怎样做好学员拿证后对学员的服务已成为许多有眼光的驾校的工作内容,驾校间的竞争也逐渐由学车前、学车中向拿证后延伸、发展。一些更有眼光和实力的驾校,把企业发展的战略定位于汽车后服务市场,确立了"以驾校为龙头,以汽车为主线,完善汽车后服务市场链条"的思路。因此,做好学员拿证后的服务,可以将学员变成忠诚客户,由一次消费变成多次消费。

二、驾校服务的关键时刻

1. 报名时,把短暂变成永恒

全国著名劳动模范北京百货大楼售货员张秉贵,在平凡的售货员岗位上练就了令人称奇的"一抓准""一口清"的技艺和"一团火"的服务精神,成为新中国商业战线上的一面旗帜。当时,北京百货大楼是全国最大的商业中心,客流量大,张秉贵坚持为人民服务的信念,没有怠慢过任何一个人。

他在问、拿、称、包、算、收六个环节上不断摸索，练就了"一抓准"和"一口清"的过硬本领，接待一个顾客的时间从三四分钟减为一分钟。他通过眼神、语言、动作、表情、步伐、姿态等调动各个器官的功能，几乎成了那个时代商业领域的服务规范。商业服务业的简单操作，被张秉贵升华为艺术境界。在北京，传统的"燕京八景"名扬天下，而他的售货艺术被人们誉为"燕京第九景"。为了看他的表演，热情的顾客曾经将北京百货大楼的玻璃柜台挤碎。20世纪70年代末，我第一次到北京时，专程到北京百货大楼享受了一次张秉贵的服务，从排队到买糖，虽然只有短短几分钟的时间，但所给我留下的记忆，至今仍然很深刻。

据研究，在给交往对象留下的印象中，55%来自于相貌、表情、视线等视觉信息，38%来自于声线、语速、语调等听觉信息。也就是说，第一印象在社交中的重要性占93%，而谈话内容只占7%。从事管理顾问工作的日本专家江木园在他的新作《3米和30秒决定第一印象》中认为："在刚刚认识一个人的时候，通常都会保持3米的所谓'社交距离'。从交换名片、寒暄直到落座的30秒内，就已经决定了印象的90%。"他还认为："很多时候，清晰、匀速的声音比你说的内容还重要，理想的速度是每分钟230~300个字。"

由此可见，当一名学员来到驾校前台办理报名手续时，前30秒就是我们服务的"关键时刻"，许多品牌驾校十分重视报名这一环节，不仅决定了学员对接待人员的第一印象，也决定了学员对驾校的第一印象。为了给学员留下良好的印象，会将报名大厅装饰得高档华丽，将接待咨询人员打扮得端庄大方，但是，我们在许多驾校经常看到的是这些前台工作人员的工作态度和专业能力与环境往往有很大的反差。南京狮麟驾校在长期的办学中形成了以"甜蜜的电话服务，热情的接待服务，阳光的论坛服务，关怀的回访服务"为特点的服务体系，尤其是前台接待人员都受过专门的商务礼仪培训，每每有学员咨询或办理报名手续，都会看到接待人员那真诚而自然的微笑，都会听到她们舒缓而甜美的声音，都会感到她们热情而周到的服务所带来的如沐春风的感觉。

2. 上车时，要把初练变成"初恋"

教学服务的个性化是对学员的最大尊重，也是优秀教练员应具备的专业技能。一个合格的教练员备课内容要包括三个方面：大纲、教材、学员，做到心中有大纲，手中有教材，目中有学员。开学第一天，就要像第一次约会一样，人要精神，车要整洁，话要亲切，课要精彩，要拿出浑身的解数，给学员留下难忘的第一印象，为以后的训练打下良好的基础。

一个教练的教学日志

今天是个好日子，天气晴朗，空气清新，气温不冷不热，又有新学员开学。

我提前来到驾校，洗刷刷，洗刷刷，把我的"伙伴"——101号教练车刷洗干净，再喷上点空气清新剂。

七点五十了，我得提前十分钟在车前等候我亲爱的学员们，整整衣服看看鞋，戴上白手套，对着车玻璃自己笑了笑，一切OK。

八点钟，随着班车而来的四位学员前后到达，我赶紧将名片双手递上，然后，给每个学员搬出马扎，递上一杯开水。在作了自我介绍后，首先按照开学流程带着他们参观驾校，购买饭卡。

经过开学沟通，初步掌握了四个学员的情况，四人性别平衡——两男两女，地域平衡——两个本地两个外省。

小啦：女，广东人，在批发市场上做服装生意，二十四岁了，但是看起来也就是十七八岁的样子，性格偏内向，看起来怯生生的样子，电话很

> 多，看起来业务挺忙。对她的训练要掌握好三点：在教学语言上要使用普通话，否则会影响正常沟通；在教学方法上要多采用"赏识教育"，激发她学车的勇气和热情；在教学重点上要养成她开车专注的习惯，避免过多的电话分散她开车的精力。
>
> ……
>
> 开学的整个过程一切顺利。我热情的服务和幽默的语言，带他们进入到了我事先设定的良好的学车氛围中，我的精心准备没有白费。

3. 拿证时，把终点变成起点

纵观目前国内驾培市场，驾校间的竞争从时间上看，主要集中在报名前的招生竞争和培训中的教学与服务质量竞争两个方面，很少有驾校把竞争的阵地后移，放在拿证后的继续服务上。随着市场竞争的加剧，一些有前瞻性的驾校已经注意到"售后服务"的重要性，尝试性地开展学员离校后的追踪服务，并收到了一定的效果。

为巩固学员在校期间所学到的安全驾驶知识和实际驾驶技能，南京钟山驾校在学员领取驾驶证后，由驾校所属的车友俱乐部安排两节课的"贴心陪驾"服务，以锻炼学员实际单独安全驾驶的能力。这种"扶上马再送一程"的陪驾服务，夯实了钟山驾校学员安全驾驶的牢固基础，得到了学员的普遍好评和赞誉。

对毕业学员进行电话跟踪回访，是南京钟山驾校完善"售后服务"的另一举措。学校规定，学员毕业30天之内，学校要按毕业学员30%的比例由专人进行电话回访，了解学员在实际驾驶过程中对遇到的各种情况的应急处理能力和处理办法，探讨这些问题是否可以在学校的训练当中先期给予正确的指导，增加学员安全驾驶知识和安全驾驶技能的储备，提高单独驾驶安全系数和应急情况处理能力。

第三节
怎样树立正确的服务理念和思维

一、薪水不是老板发的，而是学员发的

在一次"王牌教练员培训营"上，我问大家薪水到底谁发的，大家发言十分踊跃，有三种意见相持不下，最后三方各选一名代表上台辩论。甲方的代表认为薪水是老板发的，因为老板是创造就业机会、提供饭碗的人；乙方的代表认为是自己发的，因为我们拥有工作技能并付出了劳动；丙方代表认为甲乙两方虽说都有一定的道理，但是事实并非如此，人们常说的"顾客就是我们的衣食父母"绝不是一句口号，因为在任何企业里，不管你是领导者还是普通员工，也不管你所做的工作是否直接面对客户，支付你薪水的都是你的客户，而不是你的老板和自己。

道理很简单，如果没有学员把学费交给老板，老板拿什么给你发工资？如果学员不给你机会，你拥有的驾驶技能向谁传授？如果驾校门可罗雀，连续几个月没有学员报名，老板除了关门歇业、解雇员工，或者出售重组，还有什么办法？归根结底，薪水还是学员发的。身体受之于父母，衣食来源于客户。我认识的一个驾校老板，人品很好，善待员工，遵章守法，从不拖欠工资。由于性格懦弱内向，处事犹豫不决，致使驾校经营不善，最后不得不将自己辛辛苦苦建立起来的驾校予以处置。在和个别骨干人员告别时，他动情地说："价格下降、学员减少，入不敷出，我无法再给大家按时发工资，

处置驾校我不得已而为之。"对于驾校而言，可以说：收入靠学员来维持，声誉靠学员来宣传，发展靠学员来推动。失去了学员，驾校就成了无源之水，无本之木。没有了学员，工资从何而来？

二、学员的满意度是检验服务效果的唯一标准

评价一所驾校办得是否成功，有几种评价体系，也有不同的标准。行业主管部门每年都在评"文明驾校""优秀驾校""规范化驾校"；有关媒体和中介机构也在评"学员最满意的驾校""消费者最信得过的驾校"，许多经营不善，甚至倒闭关门的驾校，其办公室墙上也挂了一排奖牌、奖状、奖旗。有一所"短命"的驾校，2005年底才获得经营许可证，2006年初才有考试权，有意思的是该驾校在全市"道路交通系统2005年度总结表彰大会"上居然被评为当年的"双文明驾校"，极具讽刺意味的是，该驾校获奖不久便因管理不善和内部纠纷而关门停训，学员们纷纷投诉。

评价一名教练员也有许多标准，从大的方面说，有老板喜欢不喜欢，学员满意不满意，是否遵守规章制度等。具体评判一个教练员的优劣也有许多指标，诸如合格率、出勤率、人均耗油率、车辆损坏率等。有的教练员说没有老板不想把驾校办好的，老板是成功者，老板比我们有见识，老板大权在握，提拔谁、奖励谁、开除谁都是他一句话，因此老板的感觉和评价最重要。也有的教练员说老板是强者，学员是弱者，我的处事原则是既不媚上，也不欺下，我就按规章制度办，规章制度就是公司的法律，因此遵章守纪最重要。有的教练反驳说上述两种说法从表面上看都有一定的道理，但是都有大的缺陷，都站不住脚，不能作为评价检验教练员教学服务效果的唯一标准。老板的道德有高低，老板的水平有上下，老板的目标有远近，老板的标

准千差万别，因此不能把老板的评价作为检验教练员教学服务效果的唯一标准。再说制度，制度是死的，人是活的，法律是道德的最低标准，遵守制度是员工们起码要做到的，因此如果把遵章守纪作为检验教练员教学服务效果的唯一标准，那么这个标准就太低了，仅仅做到不迟到、不早退、不旷工，决不能等同于优秀员工。总之，学员的满意度才是检验教练员教学与服务效果的唯一标准。

蒙牛胜在"口感决定一切"，驾校胜在"学员的感觉决定一切"。可见，金杯银杯不如学员的口碑，这奖那奖不如学员的夸奖。对于驾校如此，对于教练员也是如此，其他指标虽然也很重要，但最重要的还是学员的满意率，学员认可你，驾校重用你；学员讨厌你，驾校不用你。

三、差不多、过得去的教学与服务无异于自我淘汰

胡适先生曾经写过一篇文章《差不多先生传》，里面讲到：你知道中国最有名的人是谁？提起此人，人人皆晓，处处闻名，他姓差，名不多，是各省各县各村人氏。你一定见过他，一定听过别人谈起他。差不多先生的名字天天挂在大家的口头，因为他是全国人的代表。这位差不多先生常常说："凡事只要差不多就好了，何必太精明呢？"例如，他小的时候，他妈叫他去买红糖，他买了白糖回来，他妈骂他，他摇摇头道："红糖白糖不是差不多吗？"

有一天，差不多先生忽然得一急病，赶快叫家人去请东街的汪大夫。家人急急忙忙地跑去，一时寻不着东街的汪大夫，却把西街的牛医王大夫请来了。差不多先生病在床上，知道寻错了；但病急了，身上痛苦，心里焦急，等不得了，心里想道："好在王大夫同汪大夫也差不多，让他试试

看吧。"于是这位牛医王大夫走近床前，用医牛的法子给差不多先生治病。不到一刻钟，差不多先生就一命呜呼了。

在家电行业，张瑞敏以"挥大锤的企业家"著称。缘由是他指挥砸坏了76台质量不合格的电冰箱。1999年9月28日，张瑞敏在《财富》论坛上说："这把大铁锤为海尔今天走向世界立了大功。"张瑞敏认为如果海尔产品这里差一点，那里差一点，就不可能走向国际市场。质量上的小差异，实际上就是质量意识的大差异，而这种差异往往显示了民族的素质。正是基于此，海尔在发展初期实现国产化时就提出，国产的东西必须追求尽善尽美，差一点都不行。

"差不多先生"的死亡，死于凡事"差不多就行"；海尔的成功，成功于"差一点都不行"。这正反两个例子给我们从事汽车驾驶培训的教练员何种启发呢？我们万分之一的差错就是学员百分之百的损失。在一次由我主持的教练员业务研讨的活动中，许多教练员非常真诚地回顾和检讨了由于自己的疏忽所给学员造成的麻烦。有位姓朱的教练员说：由于自己没有讲转向盘锁的使用方法，使学员误认为车坏了，打的去上班，既多花了钱，又耽误了事。有位姓张的教练员说：由于自己没有给学员养成停车后不要把贵重物品留在车中的习惯，使学员蒙受了一定的损失。参加研讨的教练员从毕业学员开车的经历中都发现了自己或多或少地存在教学上的遗漏和差错。大家认识到你差一点，我差一点，每一点都会给学员带来隐患和损失；你差一点，我差一点，每一点都会减少驾校的竞争力。最后，大家一致认为"一点也不能差，差一点也不行"应成为每位教练员从教的座右铭。

四、没有学不会的学员，只有不会教的教练

"没有学不会的学员，只有不会教的教练"，这句话被许多驾校当作勉励

教练的警句，但也引起了教练的反感。仅从字面上讲，这句话有些绝对，但是我们从强调教练在教学中的主导作用，从加强教练的责任感上思考，此话也无可厚非。

没有种不好的庄稼，只有不会种庄稼的农民；没有教不好的孩子，只有不会教的父母！农民怎样对待庄稼，决定了庄稼的命运；家长怎样对待孩子，决定了孩子的一生！农民希望庄稼快快成长的心情和家长希望孩子早日成才的心情完全一样，做法却截然不同：庄稼长势不好时，农民从未埋怨庄稼，相反总是从自己身上找原因；而当我们的孩子学习不行时，家长却更多的是抱怨和指责孩子，很少反思自己的过错！

能熟练地开车，也并不意味着你就可以到驾校当教练员，关键是要会教。

天津东安驾校的邢教练在博文中描绘了这样一个场景：在封闭式的驾校教练场上，许多学员见了教练员出于礼貌和尊敬会说："教练，我可笨呀，请您多费心。"有一些教练员就借题发挥。有一次邢教练在驾校停车场休息时，遇到一位老教练员正在生气地骂学员："你怎么这么笨？你笨得出奇！我怎么教，你都学不会。"学员忙低头认错说："我笨，我笨，我真笨。"我看了看那位学员，只见他西装革履，一表人才，仔细一打听，原来他还是一个大型建筑集团的财务部门负责人。试想如果这位学员真的笨的话，那么怎能当财务部门的负责人？足球教练米卢带领中国足球队冲出亚洲走向世界，可换了教练怎么就不行了？难道说是足球队员笨吗？米卢教练走到哪个国家，哪个国家的足球队就有起色，被世界公认为"神奇教练"，这又怎么解释？

"一张皮"的难题

我2003年开始担任教练员。由于姓张，又带一号皮卡教练车，因此学员背后都叫我"一张皮"。我和学员的关系很融洽，学员这样叫也没有恶意,反而好记。刚担任教练时,我对领导们说的"没有学不会的学员,只有不会教的教练"有抵触情绪,学员千差万别,学不会怎能全怪教练呢?自从我遇到了老王后,我改变了看法。

记得是2004年7月2日,老王分到了我车上,他年龄近五十,左脚微跛,手持一根小拐杖,走路很僵硬。经过沟通后,才知道他是点名要上我车的。能受到学员这样的赏识,我是既高兴,又发愁。虽然也知道在以后的教学中肯定会有想象不到的挑战,但是我想能让他顺利通过考试拿到驾驶证的话,这是对我工作的一个肯定,我要勇于面对这次考验。

在进行上、下车动作练习时,我发现老王上车动作十分不便,简直有点往车内钻的感觉,原来他颈椎还不好,连转头都有困难。几天的模拟训练后,我们进入了右转弯、左转弯训练。由于老王左脚有点跛,离合器掌握显得困难,压不住离合器踏板,或踏不到底,给训练造成障碍。针对这种情况,我合理运用座椅调节使他克服身体的不便,车座尽量往前靠,把靠背放得缓一点,在他腰部放一个靠枕,让老王用30%的体重往后靠,用70%的重量坐在座椅上,这样左脚就能灵活地压在离合器踏板上。另外,我让他尽量穿皮鞋,做到脚跟与脚尖同步运用,并建议他回家的时候用脚蹬三轮车,练习一下把身体重心转移在左腿及左脚上。经反复练习,终于解决了老王在离合器操作中的问题,大大地提高了他的自信心和教学的速度。

最困难的训练是在桩训,在当时的桩训中,多采用固定教学法,通过回头看标杆的方法入库。老王由于身体情况限制,回头及转身都受限制,这种方法显然不行。于是,我采取一种因人而异的特殊方法,让老王在往车库倒时,观察车头与起止线,离开30厘米时把转向盘打到极限;当车身进入库后,用双眼观察后视镜,根据后视镜内的两侧桩杆,合理回正方向;然后观察车头进入库内,当车头与库门线1米距离时停车,这样车尾正好与库底线留有20~30厘米距离。通过这种方法及时解决了老王不能转身的困难。老王经过学员认真地训练，一次性通过桩考。

路训中，由于老王年龄及身体的原因，接受能力较慢。和年轻学员相比，他自己感到压力很大，出现急躁情绪，总出现各种机件操作配合不当。记得在一次训练中，由于连续几个科目都做得不到位，老王在停车后在路边捡起一根木棍，对我说："老师，如果我再做不好的话，你就用这木棍打我几下，让我长长记性。"当时，我真不知道用什么语言表达我的心情，看到学员出现冲动、急躁的情绪时，我没有急躁，而是鼓励他让他树立信心："你看今天比昨天挂档掌握得好了很多，特别是转向靠边做得很到位。"同时我也让其他的学员夸奖、表扬他，使他重新树立了自信心。在训练中，我按照循序渐进的原则，由易到难，由浅入深。在训练初期做到少训多练，训练中期做到边训边练，训练后期做到精训精练。在考试前，让他到别的车练习一下，消除紧张心理。经过我们共同的努力，老王终于毕业了。

后来，我们成为好朋友，再后来，他的儿子也成为我的学员。

通过对老王的这次教学训练，使我增强了克服困难的决心和信心，只要学员敢报名学车，并且身体检查合格，只要用心尽心，再加上科学的方法，就没有教不会的！

五、服务就是广告，服务就是招生

为了解决客户服务的难题，一位德国商人向教授请教。教授回答说："服务都是双向的，你如何对待别人，别人也就这样对待你。"商人若有所思地点点头。

> 这位商人名叫奥托·贝士姆,他在1964年开创了麦德龙事业(Metro Group),教授名叫奥拉夫·贝特,他于1960年创办了世界著名的贝特管理咨询公司,并亲自担任麦德龙集团的董事会顾问。
>
> 后来,麦德龙从一家小杂货店发展成为全球零售业排名第三的跨国集团,他们有一句客户服务座右铭:你如何对待别人,别人也就这样对待你。

作为一名教练员,你的服务意识有多少,就会得到多少回报;你的"服务率",决定你的"回报率"。

2007年9月,我们组织了一个"感恩社会,真情回报,庆祝建校5周年"为期10天的招生会战。在这次会战中,2006年10月才担任教练员的付教练,以招生49人的成绩进入前10名。在谈到自己的招生经历时,他说:"刚来驾校的时候,没有带过学员,招生渠道主要来自亲朋好友。随着培训出的学员量的增加,现在招生渠道已完全来自学员了。招生经验谈不上,我就认准一点,只要你给学员服务好了,用真诚与耐心去感动学员,他们自然会被你感动。以后再有事找到学员,也有话题可谈,相互之间也有感情,有的学员帮不上忙,甚至感到亏欠教练。如果教学时不耐心,以后也没脸给学员打电话。"付教练的话道出了一个很多人深知却做不到的问题,即教学时脸色难看,招生时自然会遇到难看的脸色。平时服务好一点,招生时自信便会多一点。工作像一面镜子一样,反射着我们教练员平时教学服务的优劣。有没有给学员提供满意的服务,受益者或受害者都是自己,学员满意你,驾校重用你;学员讨厌你,驾校不用你。

六、劣质服务就是砸驾校的品牌,砸大家的饭碗

一所驾校在接触学员之前,投入了大量的时间、精力和财力。跑关系、

找门路、工商局注册、运管处许可、征地、建筑、购车、招聘人员、培训上岗、策划、宣传、招生,老板和筹备人员想尽千方百计,说尽千言万语,历尽千辛万苦,驾校才得以开张,个中的酸甜苦辣,谁能体会得清,谁又能说得出。终于有了学员,可是由于教练员或者前台接待人员的疏忽、情绪低落,给学员提供了劣质服务,使学员不满意,留下坏的口碑,就会使前面所有的努力前功尽弃、化为乌有。爱一个人需要很多理由,恨一个人却只需要一个理由;选择一个品牌需要很多理由,放弃一个品牌只需要一个理由。

七、从学员的不满中发现自己的不足

缘分是从不满开始的——我的学车故事

我是2003年2月26日报名学的车,那时市里仅有几所驾校,"学车热"尚未形成,自己对驾校也一无所知。在一个当公安局副局长同学的推荐下,我到一所民营驾校报了名。那时,这所驾校只有40辆车,成立时间不足一年,内部管理还相当不完善。开始练车后不久,我便和驾校发生了一次严重的冲突。

我是每周的周末练车,当时这所驾校还没有周末班,因此我既没有固定的教练也没有固定的车辆,这次分到这辆车,下次又分到另一辆车。有一次由于没有计划好,人多车少,我居然无车可上,队长无可奈何地动员我回去。回去!我起了一个大早,挤了一个多小时的班车,一天的事也泡了汤,于是我火了起来:"我一没有少交钱,二没有来晚,我为什么要回去!你解决不了,我找你们校长。"在拨通了校长的电话后,我仍怒气冲冲,说道:"你们驾校是怎么管理的?我是计划内的学员,还是计划外的学员？每次上车都要临时安排，我有一个教练就行，不需要一个教练团，我不需要特殊照顾，但最起码要保证我的基本学习条件吧"。

在电话中，校长满口道歉，表示一定会给我安排好。之后，不知从哪里抽调了车辆和教练。

那一天的训练，我吃了次"独食"。

事后，我感到自己语气有些过重，方式、方法也有些欠妥，但很快也就不放在心上了。可校长却抓住不放，一方面研究成立周末班，另一方面三番五次地给我打电话，征求对驾校管理的意见，并恳请我在方便的时候一定见次面。此时，我感到有些不好意思，又感到校长确实很诚恳，便答应在毕业后谈谈。利用毕业前的一段时间，我一边学车，一边观察。在拿驾照时，我们做了一次认真的谈话。我坦率地从驾校的定位及品牌建设、学员管理、教练员管理三个部分的十几个侧面谈了我的看法和建议。谈完之后，我感到很轻松，觉得算是对上次冲动的补偿。

自此，我便与校长成了朋友，他经常给我打电话讨论驾校经营管理方面的问题，也经常在周末时安排他的驾驶员接我到驾校玩。时间一长，我也就逐渐地参与一些驾校的事务，帮助策划一些活动，制订一些规定，有时也参加一些会议发表一些意见。为了我行动方便，也为了巩固我的车技，校长送给了我一辆二手的桑塔纳。

后来，我所在的企业被港商收购，我调到济南，在这家港资的集团控股公司担任总裁助理和资本运营部的部长，但和驾校仍然保持着密切的联系，校长也多次到济南看我，后来我便正式地加盟了这所民营驾校。

鲁迅先生说过："不满是向上的车轮。"唯有不满，才有追求；唯有不断地追求，才有不断地进步。如果一个人没有了"不满"，他就是失去了目标，失去了动力。有些教练员有较重的自怜现象，认为自己已经做得不错了，学员的不满是吹毛求疵，于是千方百计地解释、应付和推托，没有把学员的不满看作一种礼物,失去了一次提升自我的机会。收到一份礼物,人们会不假思索地向对方道谢,而对于学员的不满,大部分教练员甚至一些驾校的领导都会心存芥蒂,他们可能认为这是一个不可理喻的"找茬"的家伙,是个"刺儿头",因此,往往也就对他不客气。能够做到闻过则喜,而且想千方百计地"闻过",实属不易。驾校许多管理措施制度的出台,往往就是"闻过"的产物。然而,有些教练员缺乏闻过则喜的胸怀,他们不明白的是,学员表达不满,说明他对你还有期待,如松下幸之助所说的"挨骂是进步的原动力"。如果学员不满意又不表达出来,就说明学员已经对你失去了基本的信任,如果你仍不改进,他可能会采取进一步的措施,如投诉、更换教练员、退学等。要正确认识学员的不满和投诉,不满和投诉是有含金量的,化解不满和投诉就能提高竞争力,个人就会成长,企业就会增加利润。因此,无论是驾校,还是教练员,在面对学员的不满时,要明确五个观念:学员的不满是学习和完善自我的机会,学员的不满是给自身改进服务方式最好的回馈,学员的不满是自己正在收集的服务案例,学员的不满是自己成长的导师和教练,学员的不满和投诉的过程是构建学员满意度和忠诚度的过程。有个叫张华的教练员,他把"最挑剔的学员是我最好的老师"当作自己执教的座右铭,学员的一次不满,就是对他的一次鞭策。在这一次次的不满和一次次的鞭策中,他从一名普通教练员成长为王牌教练员,并担任了"汽车特技表演队"的队长。

八、感恩学员给了我机会

我在一次给新教练员讲课时出了这样一个题目,"是先有鸡还是先有蛋",大家肯定争论不出结果。于是,我又出一个简单的问题,请大家讨论

"教练员和学员应该谁先喜欢谁?",开始时,大家的意见基本是不假思索地一致:当然是学员先喜欢教练员,还列举了许多理由:什么教练员应该矜持,应该有点师道尊严;什么教练员要严肃些,这有利于增加教学权威;什么学员喜欢不喜欢教练员并不重要,只要教好课、练好车就行等。经过进一步的讨论,大家完全改变了原来的看法,而且高度一致地认为:应该教练员先喜欢学员。主要观点有三条:第一,感恩学员,当然就应该喜欢学员。学员选择了我们,是对我们的认同和肯定,给了我们财富,更给了我们机会,我没有理由不喜欢学员,一个不喜欢学员的教练员不是一个好教练。第二,应该主动喜欢学员。我们是主人,学员是客人,学员来到一个陌生的环境里,教练员不仅代表自己,还应代表驾校表现出我们的热情和真诚。第三,只要我们先真诚地喜欢学员,学员也就会喜欢我们。在人际交往心理学上,有一个"人际吸引的相互性原则",即"我们喜欢那些喜欢我们的人"。有了双方相互喜欢的基础,那么,以后的整个学车过程就会是快乐的、顺利的。还有一些教练员对这一命题进行了延伸的思考,提出了"喜欢学员,就要对学员有包容之心""喜欢学员,就不能把学员分为三六九等"的题目。

北京东方时尚驾校有位教练在教学体会中写道:"我们和学员朋友要真诚相待。有句名言:'常怀感激之心,一生快乐无穷。'学员来到东方时尚,我们要有感激之心;学员约了自己的车训练,也要有感激之心。为学员服务好是我们的天职。在为别人奉献付出的同时,自己也享受到了快乐,这就是:赠人玫瑰,手有余香。"正如圣严法师所说:"用惭愧心看自己,用感恩心看世界。这世界就是幸福人间!"

感恩学员不能仅仅放在心里,重要的是付诸行动。感恩之意存于心,更要感恩之意出于口,感恩之意显于行。一个对学员常怀感恩之心的教练员必定是一个敬业的教练员,因为他要用更耐心、细致的教学来回报学员;一个对学员常怀感恩之心的教练员必定是快乐的教练员,因为他有积极、宽容的心态；一个对学员常怀感恩之心的教练员必定是一个受学员欢迎、受老板赏识的教练员，因为他知礼节、有人缘、朋友多，所以，一个对学员常怀感恩之心的教练员更容易取得成功，获得机会。

教练员要感恩学员，驾校更要感恩学员。2007年，我主持编辑印刷了一本《用车宝典》，在扉页上我深情地写道："驾校从20辆教练车发展到200多辆教练车，从被当地父老乡亲认可，到被国内同行称道，这期间用了5年的时间。这5年中是谁给了我们机会？是谁给了我们力量？又是谁造就了我们？是学员！尊敬的可爱的学员！学员是照顾我们的人，我们始终不敢忘怀，同时我们始终记得学员也是需要我们照顾的人。仅以此书献给长期以来关心我们、厚爱我们的最可爱的人——学员。"在感恩节前，当散发着墨香的这个小册子，由教练员亲自送到学员手中时，学员们非常惊喜。

第四节
怎样进行服务失败后的补救

> 徐教练是我校为数不多的科班出身的女教练之一，而且曾经当过大车教练，是一个有个性、受欢迎的教练。一天，她的一位三十多岁赵姓女学员在进行倒桩训练时，老是不在状态，同期上车的其他学员都能自由地进出库了，可赵女士老是碰杆，徐教练不是耐心地帮助分析原因或是给予鼓励，而是口气生硬地说："人家都会了，你怎么回事？要不行就换人，你别练了！"当众受数落的赵女士气哭了，发誓不学了，拿起包就离开了教练场。徐教练不去追赶，不去挽留，不去道歉，而是找到中队长，交上车钥匙，甩手而去，不干了。我听到此事的汇报后，马上让中队长找到学员赔礼道歉，妥善安排好她后续的训练，之后，我又亲自给赵女士打电话，

征求她对我们管理上的意见,一系列的措施最终得到了赵女士的谅解。

第二天,我找到徐教练和其进行了一次深入的谈话。谈话中,虽然徐教练没有对自己的行为进行辩解,但其认识明显还不到位。后来,徐教练在保险公司任职的母亲跟她讲了许多现代服务的理念和事例,并启发她换位思考。领导的教育、同事的挽留,经过几天冷静地思考,徐教练给校领导写了一封"我错了"的信。信中写道:在这件事上,我有三个不应该。一不该在学员着急出错的情况下,拉脸子,耍态度,训斥学员。女学员本来就力量感、方向感差,桩训是女学员训练的难点,我没能做到分类指导,没有换位思考,不是去理解学员,去耐心指导,而是火上浇油,伤害了学员的自尊心,打击了学员的自信心。我会找到赵大姐真诚地对她说声"对不起",请她原谅。二不该在赵大姐哭着走时没能及时道歉、安慰,反而置之不理,扬长而去。虽然此时已经意识到自己错了,但由于虚荣心在作怪,我置其他学员的正常训练于不顾,撂挑子走人,不是一个从教多年的职业教练员所为。三不该在校领导细致教育、耐心批评时,没能抓住机会,及时弥补自己服务失败所造成的过失,挽回影响。

按规定,粗暴教学、训斥学员的应予以除名,但基于徐教练一贯良好表现,在如何处理徐教练的问题上,我作出对徐教练待岗三个月的处理决定。

在全校教职员工大会上,徐教练读了上面这封信,我对此做了如下的点评:从徐教练服务失败这件事上,我们要做三个方面的思考:

思考一:偶然性和必然性的关系。徐教练的这次服务失败看似是偶然的,但是只要一天没有摆正教学与服务的关系,只要一天没有把尊重消费者的现代服务意识植根于脑中,只要一天师德修养不到位,这种事情就一定会发生,只不过是时间和对象不同罢了,性质是一样的。

思考二:勇敢和怯懦的关系。发生服务失败不可怕,可怕的是不敢承认错误,不敢面对失败,徐教练一走了之,采取逃跑回避的方式是怯懦的表现,看似潇洒,实则怯懦。经过冷静地反思,经过学习认识,她能够站在全体员工面前,剖析自己,承认错误,表明决心,是一种勇敢的行为。

思考三:得与失的关系。徐教练的服务失败,对于她来说,失去的不仅仅是经济上的处罚损失,失去的还有一个技能型教师的职业道德;而对于驾校来说,失去的不仅仅是一个学员的可能退学,失去的还包括驾校"轻松学车,快乐生活"的承诺和学员的信任。徐教练在驾校全体员工大会上作了检讨,不仅得到了领导和大家的谅解与重新的信任,更重要的是在其职业道德的修养上得到了提升。

一、服务失败的含义及表现形式

服务补救是一个管理过程,首先要发现服务失败,分析失败原因,对服务失败进行评估,并采取恰当的措施予以解决。服务补救具有及时性和主动性的特点。其目的就是通过及时、主动、恰当的反应,将负面影响减少到最低限度。

服务失败的后果包括两种:一种是显性的。显性的服务失败是当场出现这样和那样的不满并投诉,像本篇开头的案例,学员被气哭了,不学了。仅要求换车换教练员,驾校还有改正和弥补的机会,有的学员干脆要求退学,使驾校失去改正和弥补的机会,造成不可挽回的影响。另一种则是隐性的。据华盛顿一家名为TRAP的调查机构所进行的一项调查显示:有问题的顾客中,只有4%向公司有关部门进行抱怨或投诉,而另外96%的顾客不会抱怨,但他们会向别人来倾诉自己的不满。隐性的服务失败是指学员虽有不满,但是由于这样或那样的原因,当时没有表现暴露出来,而是在忍耐中完成了学车的过程。这些学员，有的在学车的过程中情绪低落、热情不高，有的不给教练员和驾校介绍学员，最严重的是毕业后散布对驾校不利的言论，形成"坏口碑"，其结果就像下面这个学员的"自白书"一样。

好学员的"自白书"

我是一个好学员，与人为善，惯于容忍，从不挑剔服务的好坏。当我选择了你们驾校，面对教练的训斥和责骂时，我想的是：严是爱、宽是害，只有严师才能出高徒，我为自己太笨，给教练添了麻烦而内疚；面对教练让请客、让送礼的暗示，我想的是：这是驾培行业的"潜规则"，社会风气不好是普遍现象，教练不是圣人，工资不高，又很辛苦，掏点腰包算不了啥，反正又不是我自己这样；面对上车时间少、迟迟拿不了证，我想的是：不是驾校培训质量差、关系协调差，而是考试难度增加，培训环节复杂，谁让我没赶上好时候；面对报名前上帝是我，报名后上帝是人家的巨大反差，我想的是：广告宣传都这样，市场竞争如此残酷，驾校不如此也很难生存，我不能求全责备，这就是国情。

我是一个好学员，与人为善，惯于容忍，从不挑剔服务的好坏，但我绝不会让我的亲戚朋友选择你们驾校！！！

大多数驾校和教练员通常将注意力放在第一类显性后果上，而对"坏口碑"问题缺乏足够的认识。在每位顾客的背后，都大约站着250个人，这是与他关系比较亲近的人：同事、邻居、亲戚、朋友。如果你赢得了一位顾客的好感，就意味着赢得了250个人的好感；反之，如果你得罪了一名顾客，也就意味着得罪了250名顾客，这就是由美国著名推销员乔·吉拉德提出的250定律，由此，乔·吉拉德得出结论：在任何情况下，都不要得罪哪怕是一个顾客。与有形产品不同，驾校的服务失败是不可重新生产、更换和下次弥补。驾校的服务是一次性的，因此补救和挽回就显得更加重要。

二、服务失败的补救原则和方法

1. 端正态度正确对待是服务补救的基础

正确对待有两个层面,一是驾校领导要正确对待,二是教职员工要正确对待。有些驾校对待学员的投诉是叶公好龙,从形式上看是欢迎学员投诉,也有必要的制度和投诉的渠道,但这些制度形同虚设,学员真受到了委屈,得到了不公正的待遇想反映时,不是投诉无门,就是被当作皮球踢,使得学员受到二次伤害。下面是某驾校挂在报名大厅墙上的"学员投诉受理制度"。

学员投诉受理制度

一、学员投诉机构

驾校由综合事务办公室负责受理学员投诉,具体由工作人员(三名)负责学员投诉的受理工作,联系电话:××××××。

二、投诉受理

1. 学员投诉要有文字材料或投诉人签字盖章的详细口述笔录或通过电话进行投诉,具体有以下内容:

(1) 投诉方及被投诉方基本情况。

(2) 被投诉方损害投诉方正当培训、学习权益事实发生的过程。

(3) 有关证据。

(4) 明确的主张。

2. 对于学校其他部门转来的学员投诉,投诉学员没有要求向综合事务办公室投诉的,可由该部门自行处理,但处理意见应报送综合事务办公室。

三、调查

1. 对学员的投诉，学校本着先调查后处理的原则，成立投诉工作小组。组长：1名，组员：5名。

2. 综合事务办公室一般应该在收到学员投诉材料之日起10个工作日内告知学员处理意见，特殊情况，在10个工作日内通知学员并征得同意可延长至20个工作日。

四、处理

1. 综合事务办公室主持处理投诉的人员至少应为两人，必要时应作记录。

2. 综合事务办公室组织处理投诉一般应自正式收到投诉材料起10个工作日内进行，参加投诉处理的应为投诉双方当事人。

3. 综合事务办公室在处理投诉的过程中，投诉方撤回投诉的，应终止处理并将有关材料存档备查。

4. 综合事务办公室受理的投诉材料应统一编号，装订归档，档案要由专人保管，登记，未经相关领导批准，不得外借或阅读。一般存档时间两年为限。

这个"学员投诉受理制度"是我在外地一所驾校考察时所发现的，该制度的内容非常完善，完善得无法挑剔；制度的程序非常严密，严密得滴水不漏。看到这个制度后，我就猜想执笔者不是律师，就是法官。这个制度在我以"南郭先生"为网名，以"驾校经营方略"为标题开设的博客中挂出后，引起了学员的广泛评论，有的学员说：其实投诉本身就是一时冲动干的事，如果有一堆条条框框，有相当复杂的处理程序，还是算了吧，不够麻烦的，忍了，认了。还有的学员说得更尖刻：投诉怎么能这样搞呢？除非有等着出门被教练给掐死的准备。说到底，既然是在学习，学员还是弱势群体。这个制度很典型地表现出驾校没能正确对待学员的投诉，没能正确地处理服务失败后的补救。

再说教练员，有些教练员来驾校前是开长途货车的，"独在异乡为异客"，遇到纠纷和摩擦自己不为自己争理，没人给自己争理，久而久之，在那种环境下养成了"无理争三分，得理不让人"、狡辩等不好的习惯。现在从事了服务性的汽车驾驶教练工作，遇到学员的投诉或不满，从别人身上找原因的思维定式一时难于改变，也往往不能正确对待，这也是需要好好反思与改变的。

要做到正确地对待就要有"学员至上"的观念。树立"学员至上"的观念要把学员的需求放在第一位。一切为了学员，为了一切学员，要自觉地站在学员的立场上考虑问题。

有一家餐厅生意好，门庭若市，老板年纪大了，想要退休，就找了三位经理过来。老板问第一位经理："先有鸡还是先有蛋？"第一位经理想了想，答道："先有鸡"。老板接着问第二位经理："先有鸡还是先有蛋？"第二位经理胸有成竹地答道："先有蛋。"老板又叫来第三位经理，问："先有鸡还是先有蛋？"第三位经理镇定地说："客人先点鸡，就先有鸡；客人先点蛋，就先有蛋。"老板笑了，于是擢升第三位经理为总经理。先有鸡还是先有蛋？如果你一味地想这个问题的答案，永远也不会有结果。这第三位经理给出了这一命题的营销服务学答案，这就是——客人的需求永远是第一位的。

树立"学员至上"的观念，就是要竭力维护学员的利益，驾校的利润以学员的利益满足为前提。接到学员的投诉，无论是教练员，还是驾校的管理人员，首先要考虑的问题，一定是我们的工作没有做好，是我们给学员造成了麻烦，同时我们还要相信，学员不会无事生非、没事找事的，他们的投诉总是有他们的理由，因为"学员永远都是正确的"。只有确立了这一观念，我们的教练员和管理人员才会用平和的心态来处理学员的投诉，并对学员的投诉行为给以肯定、鼓励和感谢。

树立"学员至上"的观念就要时时刻刻给学员以尊重。在华晨驾校有两项坚持了数年的制度,一是每当学员结束当天的训练坐驾校的班车离校时,教练员都会在大门两旁列队招手欢送,这已经成为华晨驾校企业文化的一个组成部分。二是每天夜训结束,教练员在和学员同乘班车回家时,教练员要给学员让座。对这些做法,校内外的许多人有不同的看法,有的认为这纯粹是作秀,是形式主义,而我们则认为就是要通过这种形式,培养教练员的"学员至上"观念,就是要通过这种形式,表达驾校对学员的尊重。

2. 建立渠道及时发现是服务补救的前提

服务补救应以预防为主,补救为辅。如果失败已经出现,只能是事后补救,而失败发生之前应作充分准备。不管是预防,还是补救,都要以畅通的渠道为前提。深圳综安机动车驾驶员培训有限公司(简称深圳综安驾校)自1995年成立以来始终奉行"诚信是金、科学管理、严格训练、廉政教学"的经营方针,把坚持切实保障学员利益放在公司各项工作的首位。2007年是深圳综安驾校严管理、抓服务的一年,2008年特向广大网友发起有奖征集活动,参与对象为社会各界关爱深圳综安驾校的人士、各驾校学员及本驾校员工等,征集内容为对改善综安服务有效的意见、建议和投诉,奖励方法采取奖励学车名额和送礼品的形式。北京东方时尚驾校的做法是在报名大厅,每天在固定的时间都有一名值班校长听取学员的意见。深圳综安驾校与北京东方时尚驾校的这种做法的效果如何我们不得而知,但就形式而言,肯定是值得提倡和借鉴的。800电话引入美国的三年中,投诉电话的数量竟从每年的700万个增加到100亿个。这并不是说明企业产品和服务的质量下降了,而是表明了800电话的方便、快捷、免费等优点使沉默的顾客张开了口。

一所驾校给学员提供反映意见的渠道可以有许多条,一是投诉电话,在学员开学沟通时要将训练队长、校长等有关人员的电话告诉学员,并有专门的部门抽查学员是否已经掌握；二是校长信箱，可以直接写信反映，也可发电子邮件；三是座谈会，或从每期学员中选取代表座谈，或由驾校领导到桩训区随机座谈；四是在驾校主页上开辟"学员论坛"，让学员充分而自由地发表自己的观点；五是对已经毕业的学员按比例地进行电话回访，征求意见。畅通的渠道使教练员一切都处在学员的监督之下，使教练员把被投诉当作最大的压力。

要使学员张开口仅有投诉渠道是不够的，还要向深圳综安驾校那样有鼓励投诉的措施。鼓励投诉首先要在驾校内部建立尊重每一位学员的企业文化，像北京东方时尚驾校那样把"让每位学员都满意"当作经营管理理念。要通过各种渠道告知学员，驾校尊重他们的权利，保护他们的权益。在此基础上，更重要的是让全体员工都认识到学员的投诉可为企业取得增加竞争优势的线索，可以找到自己企业管理上的"短板"，而不是给工作带来了麻烦。那些直接向驾校投诉的学员是驾校的朋友和忠实客户，而那些虽有不满但对驾校"沉默"的学员会给企业造成更大的损失。为鼓励学员直接向驾校反映情况，驾校应制订明确的服务标准和补偿措施并以公开承诺的方式加以公布，或以签订培训合同的方式加以规定是非常有必要的，事实上，一些品牌驾校也正是这样做的。

3. 真诚道歉争取理解是服务补救的起点

服务补救开始于向学员道歉，这是解决服务失败的浅层策略。学员选择了我们，给了我们机会，是对我们最大的信任，我们应毫无理由地尽一切努力提供其所需的服务，当学员感到不满时，应有人倾听其意见向其道歉。学员不满的原因是复杂的，有的是政策的原因，有的是驾校的原因，并不是所有的原因都归于教练员，但教练员都有倾听、解释和道歉的责任。是政策的原因或是驾校的原因，领导不可能每人逐一地予以解释，只有靠教练员代行职责。如果是你自己的原因造成服务失败，那么你就更责无旁贷地要解释和道歉，因为解铃还须系铃人。道歉解释既是对学员的一种尊重，也是与学员很好的沟通，是重新赢得学员信任必不可少的过程。根据事态的严重程度可选择当事人当面道歉、当事人短信道歉和驾校领导出面道歉几种形式。不管何人以何种方式道歉都要主动真诚，道歉时不主动、不真诚，遮遮掩掩，含含糊糊，很难得到学员谅解。篇头的案例中由于当时徐教练认识不到位，她不可能在第一时间道歉，我们采取的方式是由中队长亲自到赵女士家中道歉，之后我又亲自打电话道歉并做出保证，使服务失败得到了补救。

> 一位顾客在喝酸奶时，从中吸出一小块碎玻璃。他怒气冲天地找牛奶公司去投诉，心里想着把对方狠狠责备一通，因为他觉得自己是为全市人民负责。如果牛奶公司不服，就要告到报纸舆论界或消费者协会。于是一开口，他的言辞就非常咄咄逼人："你们难道就只顾赚钱，置别人的健康于不顾？你们考虑过这碎玻璃足以致命吗？"
>
> 接待投诉的公关人员并不因此而恼怒。他表情十分关切，认真耐心地听完陈述，第一句话就问："那碎玻璃伤着您没有？舌头、喉咙有没有问题？用不用去医院检查一下？"当知道顾客并未受伤之后，他才转忧为喜："那真是不幸中之万幸。要是老人，特别是小孩吃到这酸奶，后果可就不堪设想了！"
>
> 这话不多，却句句为顾客着想，紧张的空气顿时缓和下来。接着，公关人员又认真听取了顾客对牛奶公司的建议。双方就如何采取措施保证不再出现类似事故讨论起来。一来二去，越谈越融洽，竟然完全走到了一起。

这是一个著名的公关案例，由这个案例可见，真诚道歉、理解顾客、设身处地为顾客着想，对于服务失败的化解确实很重要。在驾校，有时学员的不满是出于误解，比如，最近某市交警部门为了控制"异地培训"，规定对外地户口的学员进行集中考试,这样就延长了学员的学车时间。学员认为驾校对待他们不公平,纷纷找驾校的领导质问。不管学员的意见正确与否,总之,他们都是感到自己的权益受到了损害,是怒气难抑、有备而来的。仅仅就事论事,稍有不慎就可能火上加油,即使是火上浇水,也远不如釜底抽薪来得迅速和稳妥。保护顾客利益就是抽出了釜底之"薪",因此驾校教练员应在耐心地听取他们的意见并详细地解答后,代他们向有关部门反映,并对特殊情况者尽力予以提前安排,这样最终将得到这些学员的理解。

4. 快速行动解决问题是服务补救的核心

驾校要成立专门的机构并由专门的人来负责处理学员的投诉,要把这项工作看作完善管理的一项重要内容,要建立一整套学员投诉的机制和系统,形成快速、专业的流程。只有快速,才能表明驾校对学员的重视,学员抱怨的目的是希望问题得到解决,道歉、解释并不是学员最终所期望的结果。如果我们都像某驾校那样:"在收到学员投诉材料之日起10个工作日之内告知学员处理意见,特殊情况,在10个工作日之内通知学员并征得同意可延长至20个工作日",学员要有多大的耐心,又要带着不满向多少人诉说呀!假如驾校对学员的不满反应迟钝,或无法证明已对此采取一些行动,那么学员就很容易感到驾校并不关心他们的事情,甚至会感到更加不满,这可能会使问题的严重性升级和扩大。

> IBM(国际商业机器公司)曾经是世界上最大的计算机制造企业,它有一项规定:对于任何顾客的抱怨和疑难,必须在24小时内给予解决。有一次,美国佐治亚州亚特兰大市一家公司使用的IBM计算机出了故障,在几小时之内,IBM公司就派出8位专家前去维修检查,其中4位来自欧洲,1位来自拉丁美洲,还有1位来自加拿大。这种积极、及时的负责精神,不仅能平息顾客的不满,而且也树立了企业的良好形象,融洽了双方的关系。

像 IBM 公司这样，发现问题及时出击，甚至不计成本地派出多名专家实施服务，可见补救服务失败不仅要快速还要专业。只有专业才能使问题得到有效的控制和补救，因此从事投诉处理的人，要有足够的真诚和耐心，要懂得消费心理学，要针对不同的学员采取不同的解决办法，要在化解学员的不满中体现自己的价值。另外，为了能够亡羊补牢，不使投诉的问题一遍遍重复发生，驾校要建立完备的学员投诉档案，对投诉原因、投诉对象、调查处理情况、预防措施等都要详细地记录下来，以备后查和总结。本书中的许多案例就来源于这些投诉档案，许多观点也是在不断地阅读这些档案中提炼出来的。

在驾校，教练员是服务的主体，也往往是学员投诉的首要对象。从学员的角度看，最有效的补救就是在第一时间由教练员采取的现场补救措施，既能放得开，又能收得住，是新老教练员的一个分水岭。一些有经验的老教练员，发现自己的语言与行为过火引起学员的不悦后，能够及时地发现并"刹车"，同时采取适合的缓和的措施，不使事态扩大。而一些新教练员却我行我素，不理会学员的不悦，甚至使事态恶化。有些失误的责任可能在于驾校的其他部门，但教练员往往是学员倾诉的对象，这时，教练员也要"首问负责"，以对学员负责的精神，该汇报的汇报，该反映的反映，不要把学员当皮球踢。教练员与学员朝夕相处，因此教练员队伍应该成为及时处理学员投诉的一支重要力量。由此可见，驾校要定期对教练员进行服务培训，教他们如何倾听学员的投诉，如何选择恰当的解决方案，如何迅速地采取行动。

5. 提供补偿使学员满意是服务补救的关键

补偿是服务补救的最高层次策略，对某些服务失败时仅仅向学员表示道歉、理解和同情，并提供协助，只能是缓解或消除学员的不满情绪，但不能超出学员预期的期望，不能使学员十分满意。仅凭几句好话，往往是不够的，学员由于服务失败而付出的时间或心理代价并没有得到补偿，因此该补偿的补偿，该退学费的退学费，该处理的一定处理，要给学员一个说法，对员工决不姑息迁就，要有敢于亮家丑的勇气，以此向学员表明驾校愿意为他的失望负责，愿意为自己的服务失败承担一定的损失。无论何种原因的学员投诉，学员总是希望得到一定精神和物质上的补偿。一些驾校的管理人员和员工对学员的投诉采取搪塞的态度，实际上就是千方百计回避这种"补偿"。作出应有的补偿，虽然从表面上看增加了成本，却提供了学员重新评价驾校服务质量的机会，使学员满意，最终实现利润的持续增长。

第三章

方法修炼

第一节
怎样进行养成式教学

一、养成式教学的内容

2003年，北京的一项社会调查显示：50%的被访者在遇到道路阻塞时不能耐心等待；68.7%的人在黄灯闪烁时不愿停车；48.2%的人遇到强行占道者不会主动让行。此项调查表明：半数的驾驶者在驾驶心态、驾驶习惯和驾驶道德方面存有这样或那样的问题。

在我们国家的基础教育中，尤其是在小学阶段的教育中，养成教学已成为素质教育的重要内容。习惯强化到一定的程度就变成了人格。那么，在进行驾驶技能教育的驾校里，养成教育是不是就不重要了呢？是不是只要学员能拿证就可以了呢？回答是否定的。养成教育在驾校更重要，其重要的程度可以和人们生命财产的安全挂钩。因此，一个优秀的教练员在日常训练中必须能够熟练地运用养成式教学。

1. 要养成良好的车德

无论干什么，都要讲个"德"，搞文艺的要讲"艺德"；从事医生职业的要讲"医德"；做教师的要有"师德"……开车的，也要有"车德"。许多时候，违章、发生事故的，并不见得都是"二把刀"，老驾驶员或者说驾驶水平高者大有人在，而造成出事的主要原因就是因为他们没有"车德"。

在古希腊有个广为流传的神话故事：少年海格立斯正走在人生的十字路口上。这时，他碰见了两位女神，一位叫"恶德"，一位叫"美德"。恶德女神千方百计诱惑他去追求能使人享乐一生却损害他人的生活，美德女神则劝导他走为人造福的道路。最后，海格立斯听从了美德女神的呼唤，拒绝了恶德女神的诱惑，选择了为同胞做好事的人生之路。后来，海格立斯成长为希腊人们一直传颂的英雄。

每一个驾驶者，在马路上也面临着两种选择，是文明礼让，遵章行车；还是违规违章，野蛮驾驶。马路是一面镜子，它可以照出每一位驾驶者的素质。人们都希望驾驶员在行车途中都能遵守车德，文明礼让。而事与愿违的是，常常进入我们眼帘的是那些具有不同身份、不同地位、不同素质的人，对规则、对秩序却有不同的对待方式。许多时候，正是由于一些人忽视了规则的存在，没有遵守秩序而造成事故，酿成大祸。马路更像一个人类社会的缩影。因为归根到底，车子毕竟只是一个铁的外壳，里面的人才是决定因素。没有一个地方能像马路一样最直观地表现出社会的文明程度。美国车多，可是人家堵车的概率却远远低于我们。这与人家美国路多、人少有一定的关系，但素质问题却不能视而不见。"堵车就是堵心"，说白了，是一个人、一个地区，乃至一个国家的素质问题。

社会是依靠规则和秩序而存在的。罗素说："不受约束的权力必然带来罪恶。人类的所有活动都有自己的游戏规则，任何社会的运行都离不开规则。"社会公德实际上是一种社会规则，规则意识的缺乏就造成了社会公德的缺失。

"手握方向盘,公德记心间。"一名驾驶者的一言一行,乃至他的文明程度,承载着一个社会的文明和谐程度。教练员要集"师德""车德"于一身,并在教学和实际训练中自觉践行,把驾校变成文明驾驶者的摇篮,为和谐交通,乃至和谐社会的构建做出应有的贡献。

良好的车德有哪些呢?

(1) 文明行车

① 礼让行车,不争道抢行。

② 不开英雄车、赌气车、冒险车。

③ 注意避让非机动车和行人。

④ 驾车经过积水路面时,应特别注意减速慢行,避免积水溅到行人身上。

⑤ 注意喇叭的使用,尽可能少鸣喇叭,避免影响其他人。

⑥ 夜间行车要在会车前150米关闭远光灯,在跟车过程中不使用远光灯。

⑦ 行车中不得将任何物品扔出车外。

⑧ 通过有老人和儿童的路段时应减速慢行,确认安全后通过,以免对方受到惊吓。

(2) 安全礼让

① 若遇后车发出超车信号要马上靠边避让。

② 发现交通堵塞应按顺序减速停车,等堵塞疏通后再跟随前车前行。

③ 遇违法超车和强行占道超车行驶的车辆时应注意避让。

(3) 助人为乐

① 行车中发现有需要援助的车辆时,应减速停车,给予对方帮助。

② 遇到其他驾驶员问路时应耐心热情地回答。

③ 若遇到交通事故应马上停车协助保护现场,抢救伤者,并报警。

④ 若发现其他车辆存在安全隐患,应及时提醒,以防事故发生。

2. 要养成良好的习惯

1987年，75位诺贝尔奖得主在巴黎聚会。有记者问一位著名的诺贝尔奖得主："您认为您是在哪所大学学到了最重要的东西？"这位老教授平静地说："是在幼儿园。"记者以为他在开玩笑，便问他学到了什么。老教授说："学到了把自己的东西分一半给小朋友；学到了不是自己的东西不要拿；学到了所有的东西要放整齐；学到了吃饭前要洗手；学到了做错了事要表示歉意；学到了午饭后要休息；学到了要仔细观察大自然。从根本上说，我学到的最重要东西就是这些。"

所谓习惯，就是经过重复练习而巩固下来的思维模式和行为方式。凡是形成习惯的事情，做起来不勉强、不费力，不但不感到有压力，而且会认为是一种享受。习惯读书、看报的人，从书中可以吸收到营养，读书、读报有无限欢乐；习惯酗酒的人，看到酒，闻到酒香，非喝不可，直到酩酊大醉；习惯吸烟的人，饭后一支烟，赛过活神仙，若没有烟抽，浑身都不自在。习惯有好坏之分，良好的习惯，终身受益；恶劣的习惯，不利一生。

美国心理学家威廉·詹姆士说了这样一句话："播下一个行动，收获一种习惯；播下一种习惯，收获一种性格；播下一种性格，收获一种命运。"我国著名教育家叶圣陶先生也说过："什么是教育？简单一句话，就是要养成习惯。"汽车驾驶是一项应用技术的培训，汽车驾驶教练员作为一名技能型教师，帮助学员顺利毕业拿到驾驶证，不是我们工作的主要目的，帮助学员熟练驾车并养成良好的驾驶习惯，才是我们的目的所在。

韩寒曾质问："驾校为什么不教人在停车开门时看一下后视镜？"我见过不少因为驾驶员停车就直接开门和自行车、摩托车、电动车相撞而导致事故发生的。还有，驾校也没教学员如果在高速公路上发生事故，应立即下车离开。很多高速公路的事故就是因为人留在车里定神回味时，被后面的车追尾导致死亡。总之，很多有用的知识，驾校都不教。

一个驾校、一位教练员在保证学员拿到驾驶证的同时是否使学员养成了良好的驾驶习惯和驾驶心态,这是对驾校社会责任感的考验,也是对教练员职业道德和教练水平的考验。养成了良好的驾驶习惯和驾驶心态,小而言之,对于保障学员的生命财产有利;大而言之,对于提高全民族的综合素质,构建和谐交通都有着十分重要的作用。

良好的开车习惯有哪些?

(1) 养成检查车辆的习惯

1) 出车前的检查

① 检查车牌照、证件是否齐全。

② 环顾车辆一周,观察有无漏油、漏水、漏气、漏电现象。

③ 轮胎气压是否正常。

④ 灯光、喇叭、仪表、刮水器是否正常。

⑤ 发动机舱内各种液面是否正常,如机油、冷却液、制动液、动力转向液、玻璃清洗液及燃油量。

⑥ 风扇传动带、空调传动带、正时带松紧度。

⑦ 起动发动机,检查发动机运转是否平稳,声音是否正常。

⑧ 每过一段时间要检查随车的灭火器压力、随车工具是否齐全。

2) 行车途中的检查

① 车辆起步后马上检查转向、制动是否正常。

② 仪表的检查。

③ 车辆异常气味及异常响声的检查。

④ 检查有无漏油、漏水、漏气、漏电现象。

⑤ 制动鼓及驱动桥温度的检查。

⑥ 轮胎及轮胎气压。

3) 收车后的检查

① 检查有无漏油、漏水、漏气、漏电现象。

② 检查轮胎气压，清除轮胎胎纹间的杂物。

③ 补给燃油。

④ 清洁车辆。

⑤ 车门车窗是否关好。

(2) 起步前要养成的习惯

① 系安全带。

② 调整座椅。

③ 调整车外和车内后视镜。

④ 检查车门车窗是否关好。

⑤ 发动机适当预热。

⑥ 起步前鸣喇叭并仔细观察车辆周围的情况。

(3) 行车中要养成的习惯

① 养成集中精力驾驶车辆的习惯。

② 起步后不要马上高速行驶，待发动机冷却液温度达到正常后再加速。

③ 行车中观察要全面。

④ 转弯、超车、掉头、起步要开转向灯观察后视镜，正常行驶时每20秒要观察一次后视镜。

⑤ 前进档与倒档互换时要使用两脚离合器。

⑥ 保持经济安全的车速。

⑦ 保持正确的驾驶姿势。

⑧ 驾驶车辆时，不接打移动电话。

⑨ 酒后、服用影响驾驶的药物后不驾驶车辆。

⑩ 驾驶车辆时，不抽烟、饮食。

⑪ 行车中如感疲劳马上停车休息。

⑫ 行车中遇到儿童、老年人要提前减速并做好停车准备。

⑬ 行车中应保持高度警惕，做好险情预测。

⑭ 不随意停放车辆。

⑮ 遵守交通信号、交通标志标线，遵守道路交通安全法等相关规定。

⑯ 养成规范操作各机件的习惯。

⑰ 不驾驶"病车"上路。

⑱ 恶劣天气下谨慎驾驶或不出车。

⑲ 驶入加油站不打移动电话，不抽烟。

(4) 停车时的习惯

① 停车入位时把车头对着可以直接离开的方向。

② 下车时带走你的包。

3. 要养成良好的心态

在我国，只要通过了驾驶技能和交通法规的考试，就可以获得驾驶证了。而在日本，当你为了考取驾驶证而进入驾校之后，就会发现，自己首先要通过的是性格诊断和驾驶适应性检查。这是日本根据心理学研究的成果而设立的一项专门检查，检查结果可以确定你的性格特征、社会成熟度、心理健康程度和运动能力，并将学员的性格特征和运动能力分为五个等级进行打分。但是，无论你被判定为哪一级，都不影响此后的驾驶学习，只是老师会根据每个人的心理、行为模式和弱点在某些方面给予一些特别的叮嘱，并在每个人的弱项上进行强化教学。正如日本驾校老师所强调的，交通事故与其说与驾驶技术有关，不如说与心理状态更有关联性。在驾驶证考试中加入心理测验，是非常科学而且非常有必要的。日本的万车死亡率为0.77，是发达国家中最低的，这和他们在驾驶培训中重视心态的训练不无关系。

有些人平时温文尔雅，但是只要开车上路就脾气陡增。心理学家认为，这是现代人的一种心理问题，在心理学上，被称为"公路泄愤"。产生"公路泄愤"现象的原因主要是拥挤的城市交通给人带来的压力。"公路泄愤"的主要表现形式就是开车斗气，如果把吸烟、酗酒等陋习比喻为"慢性自杀"的话，那么，开车斗气就是"急性自杀"。

不良的心态是安全驾驶的最大隐患，经验证明，凡是做到安全行驶的驾驶人，其心理活动一定是积极的，反之，凡违法肇事的驾驶员，其心理活动必然是不良的、消极的。在一般情况下，驾驶人在满意、愉快、高兴、欢喜时，反应灵敏度提高，行车中精力充沛，精神集中，观察处理情况迅速果断，行驶安全就有保证；反之，驾驶人在厌恶、愤怒、恐惧和悲哀等不良情绪中，感受能力就会降低，精力就会分散，整个人就会无精打采、反应迟钝，就会给行车安全埋下隐患。

4. 良好的开车心态有哪些？

1）劣势心态。很多时候开车者都应保持劣势心态。第一，警察你惹不起，应该按照交通法规规矩开车；第二，大车你惹不起，你招惹它无异于以卵击石；第三，政府车、武警军车你惹不起，人家都是有要务在身；第四，公交车、出租车、面包车，你最好也躲远点。这样下来，你只能惹得起行人了？否！你最好再小心翼翼一点，他们更惹不起。不管伤了哪个，你就准备破费掏腰包吧。再说了人家用腿走路，而你驾着一吨多重的机器，无论质量还是速度均占上风，光凭良心也该知道礼让行人吧。可以欺负新手吗？最好不要，自己也是新手过来的，还是有点恻隐之心的好，他们本身就战战兢兢、风声鹤唳的，你不惹他，他还可能无缘无故招惹你呢。

2）辩证心态。要让学员辩证地看待行车中的种种现象，比如：你超别人的车，不代表你的车比人家的好；超过同级或高级车，不代表你的技术比别人高；第一个从绿灯下蹿出去，不代表在下一个路口你可以不排队；飙车和高速狂奔，不代表胆识过人；遇拥堵时，老老实实排队不代表你比别人傻。不断刷新自己速度纪录的想法和做法是不明智的，控制车速是摆脱危险的有效手段。车里放本有意思的书，堵车时它比咒骂管用。

3）谨慎心态。小心驶得万年船。"十分把握九分开、留着一分防意外。"在游戏机上，我们可以驾驶极品飞车风驰电掣，撞了山、掉了海可以从头再来，而生活中自己和他人的生命都只有一次，我们没有机会去后悔。应时刻提醒自己，速度是最可怕的杀手，制动距离是死的，我们根本控制不了。不下雨，在平路上，车还得有 ABS 保证不侧滑，时速百公里用 40 多米才能停下来。实际上很多紧急情况下，这个距离根本给不了我们安全保证，因此应防患于未然，做一名"防御性司机"是我们的唯一选择。所谓"防御性司机"，指不仅要遵守交通法规，还应每时每刻贯彻安全意识。

4）平和心态。一辆汽车，无论性能多么优良，装备多么先进，它毕竟是一台机器，是由人来控制的，能否令车内外的人处于安全状态，关键取决于手握方向盘的驾驶员的主观意识。可以说，一个驾驶员必须先控制好自己的情绪和心态，才能控制好车辆。"等一等就安全了，让一让就过去了，忍一忍就和谐了。"中速 + 忍让 = 安全。因此，教练员在教学中保持平和的心态，保持好自己和学员的心理平衡，可潜移默化地培养学员安全驾驶平和心态，是减少事故、提高效率的关键。保持平和的心态，就要避免情绪的大幅波动，大怒大悲无疑会影响正常的行驶，大喜往往也会走向反面，倘若大喜，就极易开快车、开飞车，产生乐极生悲的恶果；保持平和的心态，就不能因为心中着急而提高车速，不能因为上班快到点了、连续出差快到家了，而超过自己习惯的安全速度，这些往往会出现事与愿违的结果。

二、养成式教学的方法

1. 示范法

示范法是教练员每天都在使用的教学方法，学员每天都在模仿教练员。教练员的一言一行、一举一动都会给学员潜移默化的作用，教练员的驾驶习惯无论是好是坏都会给学员以影响。不同的教练员教出来的学员往往带有教练员的影子。有经验的考官，能够分辨出哪几个学员出自同一个教练。因此，身教重于言教，应成为驾校训练中铁的准则。在示范教学中，教练员要做到三点：一是示范要标准。不能一个教练员一种教法，让学员无所适从，不能随心所欲随便教，要边做边说，做要到位，说要详细。二是示范要严格。要求学员做到的自己要严格做到，要求学员不做的自己坚决不做。有些驾校规定教练员在训练中不准吸烟，不准接打电话，对违反的教练员给予罚款。之所以这样规定，除了保证训练的安全外，更重要的是怕给学员造成坏的示范效应。三是示范要重复。习惯是从某种特定环境中成长出来的，以相同的方式，一而再再而三地从事相同的事情，不断重复、不断思考同样的事情。习惯就像一条电缆，我们每天在它的外表编织铁丝，到后来它就变得十分坚固，使我们再也无法把它拉断了。

2. 警示法

（1）通过数字给学员以警示

有些数字是研究人员通过长期的大量观察、统计、分析所得出，而且这些数字往往又是一些权威机构或权威人士发布的，因此，具有准确性和权威性，令人不得不信，不得不重视。有些学员和驾驶员忽视系安全带，也不把开车时接打电话当回事,这时,教练员除了运用案例说服学员外,还可运用数字给学员以警示。

开车一定不要忘系安全带。国内外一些研究表明,和气囊相比,安全带是汽车上最有效的安全装置,它大致可以降低40%~50%的交通事故死亡率。中国人民解放军交通医学研究所所长周继红告诉人们,安全带单独使用,可降低死亡率37%~45%,而安全气囊可降低死亡率仅为13%~21%。如果安全带和安全气囊一同使用,可降低死亡率达42%~50%。周继红说,安全带的第一个作用是避免车祸中的人们被抛出,现在25%车祸致死者都是因被抛出车外所致,而抛出者的死亡率4倍于未被抛出者;第二个作用是增加缓冲力;第三个作用是将力分散到更大的体表上;第四个作用是降低撞击力的有效作用率。

目前,开车使用手机不仅已在事故原因中位居前列,而且其造成的后果还呈现出加重的趋势。

(2) 通过案例给学员以警示

当你漫步街头,或者乘坐公交车、长途客车时,经常会发现有些驾驶人一边驾车一边吸烟、闲谈、左顾右盼、抠鼻孔,有的甚至还在吃东西、刮胡须、与乘车人动手动脚开玩笑等。诸如此类的小动作,很多驾驶人做起来随心所欲,有的还以此为消遣,打发旅途中的寂寞,甚至已成为习惯。学员对这些小动作也已习以为常、见惯不怪了,他们认识不到这些小动作对安全行车的危害。如何避免学员养成这些坏毛病呢?靠教练员一遍遍地提醒往往引起不了学员的足够重视,这时可以通过典型案例加深学员的记忆。如果你碰到这种大大咧咧、不拘小节的学员,你不妨把新华社的这篇报道讲给学员听:2007年1月13日8时30分,一辆由四川宜宾市开往浙江温州的双层卧铺客车,行驶至湘西土家族苗族自治州永顺县境内209国道KG2190处时,不慎翻入约7米多深的路坎下,造成8人死亡,19人受伤。经调查,发生这起恶性交通事故的原因,是车内的一个小孩的苹果滚到了驾驶员的脚下,驾驶员弯腰帮忙捡起时导致了事故的发生。可见"小动作,大问题"。

作为一名教练员,要把搜集各种事故案例作为自己的日常工作,要把这些案例进行分类,需要的时候,讲出一个,其效果会比平淡的提醒强得多,好得多。一个将军心中没有大量的战例,他怎么指挥战斗;一个医生手中没有大量的病例,他怎么治病救人;一名教练员不掌握大量的事故案例,他怎么进行教学训练?

(3)通过现场给学员以警示

耳听为虚,眼见为实,事实胜于雄辩。许多学员对书本上看到的、教练员讲授的知识往往印象不深刻,尤其是90后、00后这些年轻的学员,阅历浅,社会经验少,初生牛犊不怕虎,对交规的学习和安全教育重视不够,因此,教练员在进行路训时,遇到事故现场,要利用好这种反面的案例,适时地给学员以分析和教育。有些驾校为了使学员养成安全驾驶的习惯,定期组织学员到当地的施救队看事故车,并请交警在现场上安全课,收到了很好的效果。

> 厉教练2002年从事汽车驾驶的教练工作,现担任训练队队长。他是1990年在部队上学的车,一次训练途中,在一个坡道下面有两车相撞,教练员在了解情况后给他们上了一堂现场安全课,指出空档滑行,虽然省油,但制动失灵,是很危险的驾驶恶习。厉教练1994年复员后,先后开过长途货车和城乡客车,不管别的驾驶员如何指点,他始终在驾驶中保持不空档滑行的习惯。

(4)通过警句给学员以警示

在交通安全的教育中,许多有心人通过对一起起、一件件血的教训的分析,提炼出许多朗朗上口、便于记忆,既有教育性又有艺术性的短语警句,发人深省,给人以启迪。例如,劝导人们不要酒后驾车的:司机一滴酒,亲人两行泪;醉(罪)在酒中,毁(悔)在杯中;拒酒千里外,安全万里行;醉人驾车,易成罪人……教育人们要学习道路交通安全法、遵章行车的:遵守交规,储蓄安全;实线虚线斑马线,都是生命安全线;找点空闲,找点时间,交通法规,经常看看;生命无返程,切莫逆向行;心中交规严,眼前路自宽;交规脑后,事故眼前……类似的警句还有很多,有强调文明行车的,有突出不要疲劳驾驶的,只要留心,就能搜集很多。作为一名教练员,心中装得多了,表达能力就会提高,教学效果就会提升。

3. 强制法

"强制出习惯"是一个不折不扣的真理。好习惯不是与生俱来的,任何一种习惯的培养都不是轻而易举的,都要遵循循序渐进、由浅入深、由近及远、由渐变到突变的原则。

许多被驯化的动物有好的习惯都是强制下的结果。在印度和泰国随处可见这样的情景:一根小小的柱子、一截细细的链子,拴得住、牵得了一头千斤重的大象。而一头小象,却得用钢柱、铁链才能拴住。这是因为大象在小的时候被长时间地用钢柱、铁链强制拴着,已经养成了受约束、不挣扎的习惯,而小象则还没有养成习惯。

新加坡素有"花园城市"的美名,市民的自律习惯让人赞叹,但是这些习惯的培养甚至动用了警察局、监狱等国家机器来强制执行。

胡教练,1996年在部队学车,2007年复员后担任教练员,在谈到"强制出习惯"时深有感触,他说:"在部队学车和在地方上学车大不一样,军人有铁的纪律,而纪律是靠强制约束形成的,我的许多好的驾驶习惯就是在强制甚至是在惩罚下形成的。学车之初,我总是习惯于先踏离合,再踏制动,生怕把车一脚刹死,但这往往延长了制动距离。为了改掉

> 我的这个坏习惯，教练员收车后几次惩罚我，惩罚的方法是：面向墙壁以军姿站立，用一支钢笔或铅笔，笔尖顶在脑门上，另一端顶在墙壁上，时间长短按错误的轻重和教练员的心情而定。我现在过硬的驾驶技术和良好的驾驶习惯都是在这种强制之下形成的。我已成为一名教练员，过去'惩罚式'的教学方法和现在倡导的'赏识教育'是格格不入的，但严格要求，不放过学员的每一个坏毛病的传统却不能丢。"

真理都是相对的，没有绝对，"强制出习惯"也是相对的，不是绝对的。"疏"比"堵"更重要，学员毕竟不是孩子，好习惯不是与生俱来的，坏习惯的形成总是有它的客观环境的。《三字经》中有言："养不教，父之过；教不严，师之惰。"不让学员"带病"毕业应成为驾校和教练员的一条准则。

4. 环境熏陶法

熏陶是一种被思想、品行、习惯所濡染而渐趋的同化。环境熏陶法就是通过营造一种健康向上的情绪、气氛，促使被教育者受到积极因素的刺激，并加入进去，成为新的积极因素。这是一种以隐形教育为主的间接教育法。"近朱者赤，近墨者黑"也就是这个道理。

如果人们把教师比作"三间屋里的皇帝"，那么教练员就是流动课堂中的主宰。毋庸置疑，营造什么样的教学环境和氛围起主导作用的是教练员，而这种环境和氛围又带有教练员的烙印，教练员的性格、爱好、习惯等必然影响到这一环境和氛围。根据驾校训练的特点，教练员要营造以下三种环境。

一是卫生的环境。要把教练车当作自己家的客厅，把学员当作来做客的客人，整洁的车内外环境，必然会影响到学员爱护车的意识，也会约束学员不卫生的行为。

二是文明的环境。教练员语言举止要文明，行车要文明，通过自己的文明行为给学员以熏陶。

> 在2007年6月13日,德州华晨驾校302号车的鲁教练带领本车三位学员在开发区练习道路驾驶科目,在经过双福路口时,发现道路上撒满了玻璃瓶碎渣,占了大半个马路,过往车辆不得不减速绕行,鲁教练马上让学员靠边停车,他下车后把碎玻璃全部捡走。对此学员很是不解,来往的车辆这么多,我们注意不要轧上就行了,还耽误训练时间。鲁教练却一本正经地回答:"我们注意了不会轧上,别人不知道难免会轧上,太危险了。"学员回到驾校后马上将事情的经过反映到驾校值班队长那里,说教练不仅教给他们驾驶技术,更让他们学会了做人的道理!

三是研讨的环境。作为教练员要引导学员或者观察车内其他学员的操作动作,或者观察车外的道路情况,让他们去发现其他车辆行车中的不安全现象,让他们去讨论。

美国心理学家凯尔曼在1961年的研究表明,让一个人养成习惯,要分三个阶段。第一个阶段是顺从,因为奖励或惩罚使之表面上接纳新理念,或开始新习惯;第二个阶段是认同,从心里主动接纳新理念、新习惯,自己说服了自己,因为如果不说服自己,就会"认知失调",觉得自己很矛盾;第三个阶段是内化,此时,新理念、新习惯已完全成为自己的一部分,甚至已经成为条件反射一样的本能。

帮助学员养成良好的驾驶习惯和心态在整个学习期间要做到全过程、全方位。所谓全过程是指从入学到毕业的每一天,都要不断地给学员纠正坏习惯,建立好习惯。学的快慢不重要,养成良好的驾驶习惯很重要。教练员和学员要确立一个共同的理念:拿证不是唯一的目的。所谓全方位是指无论是车技还是车德,无论是安全观念还是节油意识,都要纳入养成式教学的视野,在有限的时间、空间内尽力而为,使学员尽可能多地养成好习惯,增强真本领。

"养成"要从细节入手。解放军的军姿、军容、军威，就是靠细节养成铸造的，解放军的《内务条例》《队列条例》《纪律条例》对行为的细节作了具体的规定和要求。

练三相：坐相、行相、站相；

振三声：口令声、呼号声、掌声；

纠三手：背手、袖手、插手；

去三长：长头发、长胡须、长指甲；

紧三带：鞋带、腰带、领带；

扣三扣：领口、衣扣、裤口；

行三礼：举手礼、注目礼、举枪礼。

第二节
怎样进行体验式教学

心理学研究表明："阅读的信息，我们能记住10%；听到的信息，我们能记住15%；但所亲身经历过的事，我们却能记住80%以上。"我国古代伟大的教育家孔子早在两千年以前就有过类似的教育观点，他指出："吾听吾忘，吾见吾记，吾做吾悟！"明代思想家王阳明说过："知是行之始，行是知之成。"很简明地阐述了知识和行为之间的关系，也强调了行为体验的重要价值。有行为才有体验，有体验才有感悟，有感悟才有升华。古人言"纸上得来终觉浅，绝知此事要躬行。"上述研究与论述都很好地解释了行为体验的重要性。

体验式学习学科领域可追溯到20世纪初。20世纪二三十年代的美国教育心理学家杜威就提出"经验学习"的课题，他提出了"教育即生活""在做中学"的教育思想。他认为，知识就是经验，而经验就是人与自己所创造环境的"交涉"。儿童要学习知识，要获得经验，就必须与社会、自然有所接触，就是要去行动、去活动。行动是获取真知的唯一途径，只有当儿童主动从事活动，积极去"做"了，才能注意周围世界，探索世间万物之间的联系，才能去思维。"所有的教学方法都应建筑在对学习者有意义的、直接的具体经验之上"。

在体验式学习中，学生作为学习的主体，以任何可用感官作为媒介，用全部的心智去感受、关注、欣赏、评价某一事件、人物、环境、思想等方面。体验式学习像生活中其他任何一种体验一样，是内在的，是基于个体认知而形成的学习过程，是个人通过一定的知识、技能和方法等方面的参与而获得的形体、情绪、情感、知识上的体验。体验式学习是知行合一的学习，在体验式学习中，学生有所感受，并对此留下了难忘的印象。体验式学习注重为学习者提供真实或模拟的环境和活动，让学习者通过个人充分参与人际活动来获得个人的经验、感受、觉悟并进行交流和分享，然后通过反思再总结提升为理论或成果，最后将理论或成果投入到应用的实践中。总之，体验是用全部的心智去感受、关注、欣赏、评价某一事件、人物、事实、思想。只有经过体验，我们才能把一个陌生的、外在的、与己无关的对象变为熟悉的、可以交流的，甚至是融于心智的存在。

知识或技能的掌握常常需要经验和教训相结合，需要成功和挫折相切磋，要通过行为与心理的体验来解决。教练员告诉学员训练课目和要领，就要让学员大胆地去实践，通过了考试就是成功，是学员正确领会了教练员所教授的动作要领。如果学员失败了，他也会恍然大悟，原来教练员说的是对的，我没有按他说的去做，所以不成功。

教练员常规的教学过程是讲解—示范—体验—总结，不知从何时起这一顺序就被固化了,每天大家都在自觉不自觉地按照这一顺序进行训练,其实这一顺序是完全可以颠倒打破重新组合的,有的训练课目在保证安全的前提下完全可以让学员先体验,做完后再总结,然后再讲解和示范,这样学员会全身心地去感受,可以有效地调动学员的学习兴趣,使学员在动手的同时也动脑筋去思考,给学员留下深刻的印象。在汽车驾驶训练中,体验式教学可按下列三种方式进行。

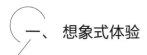

一、想象式体验

> 有一位老教师,5年前突然患病,两手不停地颤抖,写的字歪歪扭扭,就像虫子爬过似的,提起水壶往暖水瓶里灌水时,洒得满地都是。一次,他在餐厅里看到服务员提着一个大茶壶,熟练地给每一位客人斟茶,从中受到启发。从那以后,他一有空就静静地坐在沙发上,闭起双眼,放松自己,想象自己是茶馆里的伙计,手拿一把很大很沉的铜茶壶,提得高高的,不停地给客人们的茶碗里斟茶,手腕轻轻地一动,清澈透亮的茶水便从壶嘴里流出来,在空中变成长长的水柱,一滴不漏地流进客人的茶杯里。这时,他感觉到全身的肌肉和神经都在配合。在想象中,他不但闻到了茶的芳香,还听到了客人们对他的赞美声。
>
> 经过半年多时间的心理想象,奇迹终于出现了。他真的提上了水壶,再往暖水瓶里灌水时,水再也不会洒在地上,写起字来手也不再抖动。

想象能有助于把虚的变成实的,听起来有点玄奥,其实是有科学根据的,因为人的神经系统、肌肉系统是无法分辨哪些是真正的体验,哪些是想象中的体验。心理学家证明:让一个人每天坐在靶子面前想象着对靶子投镖,经过一段时间后,这种心理练习几乎和实际投镖练习一样能提高准确性。

一些书法教师在教授学生时也采用想象式体验教学,他们在学生大量的临摹和读帖后,让学生闭上眼睛,想象着如何下笔、运笔、收笔;在想象中调动自己的腕力,运动自己的臂力;在想象中把自己变成大师,得其神韵,运笔入神。

想象式体验不同于空想,空想没有目标,是天马行空没有行动的胡思乱想,而想象式体验教学是让学员朝着自己的希望和目标在心中预先进行练习。经过演练把自己的想象带入明确的场景,直接与自己的潜意识沟通,增加成功的信心和动力。

在桩训、场地训练和路训中,教练员都可以适当利用不实际操作的空闲引导学员进行想象式体验,让他们闭上眼睛,手脚并用,心里想的是操作程序,脑中出现的是人车合一,像教练员一样熟练和潇洒地进行驾驶的场景,这样既可以丰富教学训练的手段,增强学员的信心,又达到了巩固教学训练效果的目的。

二、重复式体验

重复式体验就是对学员应该掌握的重点驾驶技术进行强化训练,达到熟能生巧的效果。重复式体验应固定动作,养成好的习惯,先僵化,再固化,后优化。这也是正规军与游击队的区别,是正路子与野路子的区别。重复式体验不是简单的机械式重复,而是递进式重复。重复式体验必须遵循"实践、认识、再实践、再认识,循环往复,不断提高,以至无穷"这一人类认识发展的道路和规律,这就相当于书法中的"临摹",经过大量的重复练习,达到熟能生巧的效果。

欧阳修的《归田录》里讲了这样一个故事。北宋有个射箭能手叫陈尧咨，一天，他在家练箭，十中八九，旁观者拍手称绝，陈尧咨自己也很得意，但观众中有个卖油的老头只略微点头，不以为然。陈尧咨很不高兴，问："你会射箭吗？你看我射得怎样？"老头很干脆地回答："我不会射箭。你射得可以，但并没有什么奥妙，只是手法熟练而已。"在陈尧咨追问老头有啥本领后，老头把一个铜钱盖在一个盛油的葫芦口，取勺油高高地倒向钱眼，全勺油倒光，未见铜钱眼外沾有一滴油。老翁很谦虚地向陈尧咨说："这也是一种平常的技术罢了，也就是熟能生巧的道理啊！"陈尧咨听了十分惭愧，从此更加努力地练习射箭，再也不夸耀自己的箭术。

三、特殊式体验

咖啡是苦的，辣椒是辣的，肥皂是涩的，泥巴是腥的……这已经是我们每人都知道的生活常识，可是孩子们对这些是没有概念的，因为他们没有尝试过。许多学员在来驾校之前从来没摸过车，对驾驶一无所知，不能认为他们都是成年人，有一定的社会经验，就认为有关驾驶的基本知识他们应该知道，其实有时就要把他们当作一无所知的孩子。

特殊式体验就是对学员没有体验过的驾驶技术、驾驶现象进行实际的体验。在坡道上停车，不使用驻车制动会溜车；停车不直，前轮不正，钥匙打不开火；这些教练员都知道、都明白，但教练员知道明白并不等于学员就知道明白，即使给学员说几遍，他们可能还是印象不深，最好的办法，就是让他们亲身体验，要知道梨子的味道，就要亲口尝一尝。体验一次，他们会终生难忘。特殊式体验教学中可以模拟许多真实的场景，有些学员特别是女学员对侧方停车和入库都练得很好，但真的在两辆车中间有个车位让她停到里边时,她往往要出汗,战战兢兢地不敢停。在驾校实际模拟一次,效果就会大不一样。特殊式体验教学中还可以增加许多超值服务内容,虽然教学大纲中没有这些内容,但教了做了练了会对学员有用,比如在休息的时候对有兴趣的学员让他们操作换轮胎,实际体验一次,千斤顶和其他工具会用了,以后自己驾车时真的碰到扎了轮胎,学员就不会到处打电话求救了。特殊式体验教学中,教练员可以根据学员的学习过程每天有计划地加一点内容,比如发动机舱盖的开启与关闭、各种油箱盖的开启、给散热器加冷却液、给燃油箱加油等,使学员在相同的学车时间内掌握更多的知识和实用技术,这既会受到学员的欢迎,也会增强驾校的整体竞争力,何乐而不为呢?

第三节
女学员的特点与训练方法

有个女学员在倒桩移库时,久倒不入,于是便问教练员:"方向盘打360°,前轮转多少度?"教练员一脸茫然,诚恳地说:"我不知道,我们的队长学问大,我问问他。"收车后,教练把这个问题提给了队长,队长同样是一脸茫然,说不知道。教练员得意地说:"我以为只有我不知道,原来你也不知道啊,哈哈!"队长说:"校长学问大,我抽空请教一下他。"一天,队长在请示完工作后顺便问了这个女学员关心的问题,校长说我不知道,队长一脸得意地说:"我以为只有我不知道,原来你也不知道啊,哈哈!"半年后这所驾校与省交通学院的几位教授成立了一个"驾校培训质量控制体系"课题研究小组,在一次饭局上,校长问这几个教授:"方向盘打360°,前轮转多少度?"教授就是教授,脸上没有茫然,回答说:"这个问题和转向系统有关,和转矩……有关。说得校长一头雾水,女学员的问题还是没有答案。这位校长就是我，那位女学员是一位小学的数学老师。

2009年，我到辽宁讲课，遇到了王教练。王教练是中国人民大学毕业的经济学学士，阴差阳错地来到驾校当起了教练。谈到上边这段往事，王教练说他也遇到过类似的一位女学员，不过是一位大学教计算机工程的老师。当时，她连问了三个问题：

女学员：倒桩入库，车是以多少度角进库？

王教练：直角入库，90°。

女学员：方向盘打360°，前轮转多少度？

王教练：35°。

女学员：转向盘打多少圈，车可以入库？

王教练：稍等，我算算，2又5分之2圈。

女学员在5分之2圈的地方贴上标记，按着王教练的数据练习，居然进库了。兴奋之中，连试三把，把把入库。

听了王教练的介绍，我问王教练："你怎么知道是35°？"，王教练说："这很简单，仔细看看随车手册，根据它的最大转矩，就可推算出来。"

无论是在大都市的驾校里，还是在偏远的县镇驾校里，女学员的比例都在逐年上升，有的驾校女学员真的顶起了"半边天"，而且随着经济的发展，社会的进步，女士学车的人数还将会大幅度增加。与男士学车大多是出于爱玩车的兴趣不同，女士学车往往是从实用、方便的角度出发，是为了掌握一项生活技能而来。男人从小是玩着小汽车长大的，女人从小是抱着布娃娃长大的，由于性别、兴趣的差别和不同，因此在学车和驾车中也有不同。如果我们遇到像上边案例中那样的两位女学员，我们怎么教？如果我们遇到不知道东西南北，甚至也分不清左右的女学员又该怎么教？因此把握好女学员的特点至关重要。从生理和心理两个方面概括起来，女学员的特点是"二好""二强""二小""二差"。

特点之一：安全意识好，学习态度好。

这是女学员的最大特点，由于女性通常具有谨慎、谦让、温和的特质，她们在开车时小心翼翼、规规矩矩，对人对车总是礼让三分，遇到堵车时不急不躁；当出现小差错时，能虚心接受批评，认真总结经验，不会因情绪影响而开赌气车、英雄车，很少占道抢行、强行超车或超速行驶。女性生活较有规律，睡眠充足，饮酒吸烟者较少，驾车行驶时不易疲倦，注意力集中。女学员心细，在日常的学习中，能够注意观察细节，她们对车辆的日常保养和行车前的准备工作细致而周密，学习比较认真，特别在理论方面表现尤为突出，在较短的时间内就可以达到很好的考试成绩。另外，女性的听力好，嗅觉灵敏，在行车过程中，往往能发现车辆机械故障的先兆和苗头，及时发现，及时处理。这些特点都是安全行车的保证，也是做一个合格驾驶员所应具备的品质。

虽然女性的安全意识优于男性，但女性爱美的天性也带来了许多不安全的隐患，比如穿高跟鞋、凉拖鞋开车，戴尼龙手套开车，在前后风窗玻璃上悬挂过多小饰物、小玩偶，因此教练员在训练中，要讲清这些不好习惯的危害，避免女学员在以后的驾驶中为了"美丽"付出惨重代价。

特点之二：依赖性强，自尊心强。

女学员依赖性强，在训练过程中经常需要由教练员的口令来处理情况，情绪波动很大，容易慌乱。对于女学员依赖性强的特点，我们要一分为二地分析。学车初期的依赖心理，有利于强化教练员的权威，减缓女学员的恐惧心理，这对于提高训练效率有好处。但学车的后期，则要强化女学员独立意识的培养，教练员不可能永远坐在旁边，遇到问题要独立判断，独立处置。

从强化权威，到淡化权威，从允许依赖，到不允许依赖，这一心理过程的变化是教练员与学员在学车训练中要共同调整的。

自尊心很强，自信心不足，是女学员的又一心理特征。在同期学员进度领先的情况下，女学员很容易出现攀比急躁心理，遇到阻力的时候容易退缩，出现抵触情绪，严重的时候，有些学员甚至不愿意继续坚持学车了。因此，对女学员的训练要多运用赏识教学，发现细微的进步要及时表扬，而对女学员的不足与缺点，尽量不要当众批评，更不能伤害其自尊。

特点之三：力气小、胆量小。

女学员身材矮小，力气小，故不宜开大型车辆。一些身材矮小的女性，为了垫高臀部便于驾驶，常把一个坐垫放在驾驶座上，而实际上这是很危险的。活动的坐垫会使驾驶员身体在紧急制动时，从座椅上滑落，无法应对这时发生的紧急情况。对于女学员来说，学车时不支付点力量是不可以的。无论是旋转方向盘或者挂档，还是踩离合器，都是需要上下肢力气甚至于腰部力气的。尤其是旋转方向盘，开得越慢，方向盘越重。纤弱的女士们要想学好车可就要加强体育运动了，举举哑铃、仰卧起坐、蹲起等都是对学车很有用的锻炼办法。

行车速度慢，超车不果断，不敢挂高速档，这都是女学员胆小的表现。女性从小就习惯于接受别人的保护。胆量是练出来的，学车是一种体验式学习，只有在实际道路上不断地体验，再加上适当的心理辅导，胆量才会逐渐增大。

特点之四：方向感差，空间感差。

方向感差是开车的大忌之一，很多女性都不认路，甚至有的不分东南西北。而往往不识路的女性又不注意记路，这导致她们在行驶中犹豫不决。很多时候要分神去思索到底应该走哪条路，这也是给其他驾驶员造成危险的重要因素。不知道东南西北，只要她分清左右，还好训练，如果有这样的一个女学员，既不知东南西北，又分不清左右，在倒桩移库时该如何训练呢？四川雅安有个姓杨的教练很有心计，杨教练先问清这个女学员吃饭时，哪个手拿筷子，哪个手拿碗，然后再发指令时，左右就变成了筷子和碗。

女学员在学车中的空间感差主要表现在两个方面，一是在倒桩移库和场地训练中，对空间的判断保守而不准确。现在拿驾照的考试大都是电子监考，都涉及对空间的判断，判断不准直接影响拿证。二是女学员在实际道路驾驶时对与旁车的安全距离判断要大于男性，即她们一般认为自己离周围车辆的距离越大越好，这对安全驾驶原本是一件益事，但她们总希望获得绝对安全距离的念头使紧急情况中的女性驾驶员过多地因躲避危险车辆而抢入其他车道，给正常行驶的车辆造成潜在威胁。因此，正确的空间判断是女性学车中除了胆子小之外需解决的又一大问题。

要提高女学员的空间感和方向感，就要减少应试教学痕迹。将集中突击训练一个科目变成桩训、场地训练和路训三个科目交叉训练。这样让女学员既能感受桩训的"蜗牛速度"，又能感觉路训时的"风驰电掣"；既能把练习直角转弯和曲线行驶时练出来的方向感用到桩训上，又能将桩训时练就的离合器"半联动"功夫用于路训时的起步；既能将倒桩时游走于6根"杆子"的视线范围引入路训时的"看远顾近，注意两侧"的立体视觉，又能体会在不同速度下对操作转向盘的影响。交叉训练法不但能够使女学员的驾驶基本功得到充分锻炼，而且符合驾驶技能形成的科学规律，从而使女学员的方向感和空间感得到加强。

第四节
怎样教好老年学员

"老夫聊发少年狂"——老谭的学车故事

一天，几位老友一起聊天，其间有位朋友很得意地谈起学车的经历和亲自驾车的感受，并建议我抓紧去学车。当时，我嘴上虽说人过七十古来稀，我怎能快到七十学驾驶，晚了，但心里动了。回到家，我旁敲侧击地一提，老伴、孩子都反对，我想人总要有点精神，我不能失去开车的机会，于是我背着家人，让公司的驾驶员带着我到驾校报了名，我要创驾校学员高年龄的新纪录。

来到驾校，我亲眼看到这里非常正规。学校热情服务的工作人员，使我有种找到家的感觉。一个个员工和教练员着装整齐，一排排教练车停放整齐，真的好一派景象。我在院内停留几分钟，听到几位年轻的学员交头接耳，满脸笑容的学员在夸自己的教练员，其中一个年轻学员说："哎，在我们驾校学一天好比在某些驾校学十天。"话音刚落，又有几位中年学员讲，昨天我让教练员抽根烟，教练员笑着说："学校有规定，如果教练员抽学员一支烟，学校罚教练员500元。"当时，我一听有这么严明如铁的纪律，这所驾校肯定错不了。

学习驾驶理论时，我在公司见缝插针地学，在驾校微机室里排着队学，在家里也偷偷摸摸地学。功夫不负有心人，最后我没输给小青年，理论考试一次过关，得了97分。

我现在学的是自动档，自动档车非常适合老年朋友学习，同时也非常适合中老年女同志学习。此种车要比手动档好学得多，只要起步挂上档，光用右前脚掌踩踏板就行。在正常行驶中，不用加减档，方向盘非常轻便灵活，你只要想学爱学就能成为一名名副其实的合格驾驶员。我的教练姓王。练车时，每天战烈日，非常有耐心。王教练讲，他不怕苦、不怕累，就怕学员学不会，教好学员是老师的义务和责任。

  一个多月的学车经历，我亲身感受到了一种精神和生活上的充实，同时也感到了无比快乐，驾车和坐车真的不是一个感觉，我体会到自己仿佛又回到中年时代。人不要怕年老，特别要树立不服老的精神，别人能做的事，我们照常能做到，甚至别人不能做的事，我们应尽量去做到、做好，力争把年轻虚度的时光尽快尽早地夺回来，做到活到老学到老。

  我十分感谢驾校和王教练给我提供良好的学习条件。近期，好多朋友打电话发短信向我表示了良好的祝愿和祝贺，更增强和激发了我学车的信心和勇气。根据我的学习进度，可能8月就能取得合法的驾驶证了，南校长对我说："你毕业时，我亲自给你发驾驶证，送鲜花，合影留念。"等取得结业证书后，春天的花都没有我笑得动人。

  再告诉大家一个秘密：拿到驾驶证后，我就到老年大学报名，学英语。

学员：谭德凤

  从2003年9月1日起，考领驾驶证的年龄限制放宽，上限由过去的60周岁推迟到70周岁，超过70周岁的，每年审验一次驾驶证，并进行身体检查，符合条件的可继续驾驶。随着公安部这一便民措施的推出，一些对驾驶心仪已久的老年人捷足先登，成为驾校里的白发学员，并顺利地通过了严格的考核,像老谭这样正在学车的不在少数,而更多的老年人则摩拳擦掌,准备一试身手。随着私家车越来越多,老年人学习驾驶的越来越多,许多驾校的教练场随处可见满头银发、年过花甲的老年人在练习起步停车、揉库、倒车等基本功。驾车已不再是年轻人的专利,中老年学员在驾校学员中所占的比例正在逐步增加。

一、老年学员学车的动机

开车是一种趋势,是老有所为的标志。截至 2019 年末,我国民用汽车保有量为 2.6 亿辆,私人汽车保有量为 2.2 亿辆。学车、开车是老年人积极参与社会的一种举动,是与年轻人一起分享社会发展成果的体现,未来的小康社会在一定意义上可以说是"小车社会",老年人学车是和小康社会的发展趋势相符合的。目前,我国将进入老龄化社会,退休后赋闲在家的老年人越来越多。随着社会保障制度的确立和物质文化生活水平的提高,不少老年人有了健康的体魄和充足的精神,他们已忙碌了大半辈子,都已处在事业的顶峰,但他们还有一颗年轻的心,他们年轻的时候就梦想着能开车,为了展现自我,超越自我,证明自己的能力,为了圆自己的开车梦,他们也涌入了学车的大潮。一位拿到驾驶证的上海老人的话语令人感慨:"我生活在这么好的信息时代、汽车时代,不会开车将是我永生的遗憾。"

开车是一种时尚,是老有所乐的表现。在互联网的一个老年人论坛里,有这样一句顺口溜:"交流总用'伊妹',跳舞就跳芭蕾,说话不离 OK,驾车咱也得会。"他们学车的目的很明确——抓住"青春的尾巴",领略开车的激情。重庆妇幼保健院 68 岁的刘长荣主任,她是当时重庆市妇女学驾驶年龄最大的学员。她对记者说:"以前穷,现在物质条件好了,有了钱当然要好好地享受一下生活。"她说，她学车的目的是为了自驾车去游览祖国的大好河山。

开车是一种身份，是老有所为的体现。从运动科学来讲，老年人驾车健脑、改善身体机能、提高运动能力、有延年益寿的作用。目前，学车的老年人中，普遍文化水平较高，有不少是大学教授或退休前在单位担任领导职务，家庭经济状况相对来说还算可以，而且有不少人"家里有车等着开"。他们有的为了自己的出行方便，已经不满足于单纯地乘坐汽车，而是自驾车。大部分人学车就是想到处逛逛，有的是想到外面找自己喜欢的事做。"我就是不满足现在的生活范围，觉得自己生活圈子太小了，有车后会方便很多。"也有的为了帮助子女接送孩子，减轻他们的负担。

二、老年学员的特点

1. 理解能力好，记忆能力差

随着年龄的增长，老年人的体力在下降，但与积累知识和经验有关的习惯性智力常常随年龄增长而增强，而现在领风气之先的学车老人们，大都是知识型的老人，他们或是教师医生，或是国家干部，或是企业高管，他们的社会经验和知识储存往往是年轻学员所不能企及的。一讲就明白，是他们的特点，但明白了还不会，今天明白了，明天又忘了，也是他们的特点。

老年人有意记忆占主导地位，无意记忆应用甚少；从记忆的内容看，老年人的机械记忆能力下降，远期记忆较近期记忆好，对往事的回忆非常准确，能记住多年以前战友的名字，却总记不住现在给自己打针护士的名字。因此，老年学员前教后忘，犯一些低级错误，在所难免。北京驾校里就曾流传过一个笑话：有一位59岁的张女士在学车过程中经常犯一些让教练啼笑皆非的错误，比如闯红灯。有一次，她开着车慢慢悠悠地从十字路口过去了。教练问她，刚才是什么灯呀？"红灯呀。"教练说："那你怎么不停车呀？"张女士一拍大腿："你说我咋忘了呢？"

2. 心理素质好，协调能力差

老年人饱经风雨，历尽沧桑，做起事来不急不躁，处理问题不慌不忙，情绪稳定不大起大落，富有预见性，往往能未雨绸缪，这些特点都为安全文明地学车开车打下了良好的基础。

随着年龄的增长，老年人的身体各部分机能都处于衰退状态，由于视觉、听觉器官生理功能的减退，这就决定了老年人的感觉迟钝，接受外界的信息比青年要少；对外界刺激的反应能力下降，反应时间长，动作灵活性降低，不稳定，协调性差；动作迟缓，活动能力和适应能力都降低，且容易疲劳。

3. 学习态度好，但学习效果差

北京一位教练员就遇到过一个特别认真的老徒弟，这位年近六旬的老徒弟来学车时总带着一把卷尺，因为他觉得桩考的场地比平时练习的场地要大，他在两个"库门"前认认真真地用脚量了几次，还觉得不够准确，又掏出卷尺量，和他一起学车的人见他这么认真，都拿他开玩笑。可这位老徒弟笑笑，接着量。结果，在同一天参加穿桩考试的学员中，这位特别较真的老徒弟一次通过，而两个年轻的小徒弟却不幸"折"了。

驾校教一个老年人往往比教一个年轻人要多用十几个到几十个学时，老年人对机械常识、操作要领的领会较慢，这一点在老年女性身上体现得尤为明显，退休工人要优于"坐办公室的"。但是，老年人对机械安全、行车安全的重视程度要远高于年轻人，在教练场的"事故率"比年轻人要低。尽管老年人学得较慢，但最终没能拿到驾驶证就放弃学习的老年人只有1%，因此老年人学车并不存在不可逾越的心理、生理和技术障碍。

三、打好心理基础是教好老年学员的关键

1. 空杯心理

尊重老人是中华民族的传统美德，我们在充分尊重老年学员的同时，要帮助老年学员转换角色摆正位置，最关键的是要放下架子。过去不管你职位多高，不管你知识有多么渊博，今天都要从头再来，重新做小学生。训练时，要做到四勤：勤问，不要因为年龄大了不好意思开口，只有多问才能学到更多的驾车技巧；勤请教练做示范，年龄大了，接受能力相对来说比年轻人要慢一些，只有让教练多示范几次，才能提高训练的速度；勤请教练提毛病，只有在训练中及时发现问题，才能及时改正；勤观察，训练之余多留心观察其他学员的训练，取他人之长，补自己之短。

2. 好奇心理

对外界环境淡漠、缺乏兴趣，不易接受新鲜事物和适应新的环境是老年人的心理特点。因此，为了提高教学效果，就要千方百计地激发老年人的好奇心和求知欲，让他们敢于尝试，像老顽童一样。如在教"坡道起步"的时候，先让他们按训练比较多的"平地起步"操作：踩离合—挂一档—转向灯—鸣喇叭—松手刹—抬离合—加油，结果会出现他们想象不到的结果——车子不前进反而会向后溜车，从而激发他们的好奇心。

3. 自信心理

谭老先生是一个自信心很强的学员，但老年学员并不都是这样的，有许多老年学员是在犹豫和徘徊之中报的名，遇到困难后就妄自菲薄，信心不

足，直接影响了训练效果。如何帮助老年学员找回自信呢？一是要让他们正确地估价自己，扬长避短。尽管老年人在生理上和心理上学车的优势比不上年轻人，但老年人的经验多、见识广、理解力强、行事踏实，一样可以扬长避短，尽快把车学好。二是要及时表扬鼓励，让他们看到自己的进步。在加强辅导、耐心讲解的同时，要多加鼓励，比如："你行的""你反应很快！""我相信你能控制好！"……一旦发现有了点滴进步要及时表扬，事实证明，无论大人小孩都喜欢夸奖。三是要典型引路，让他们看到希望。教练员可以讲国外老年人学车的典型故事，如加利福尼亚州莫德·塔老太太不可思议地在94岁时领取了驾驶证，开始了她的驾车旅游生涯；澳大利亚老人比尔·奥斯丁94岁创造"百万公里无事故"的世界纪录；而霍尔是世界上最老的驾驶人，105岁去世前不久他还开车到处逍遥。教练员还可以举以前自己亲自教过的老学员的例子来给他们鼓劲，让他们认识到，论年龄，自己不是最大的，论条件，自己不是最差的，从而坚定学车的信心。

四、训练老年学员时应注意的问题

1. 合理安排时间

老年人学车应尽量将时间安排在春、夏、秋三个季节的上午9时至下午5时这个时间段。这个时节，无论是气温还是人的精神状态，都比较适宜学车，有的老人喜欢早起，夏季时也可以安排在早上7时练车，具体时间还是要看自己的身体状况来决定。每天的练车时间最好不要超过4小时，一般以2小时最为合适。在冬季，最好不要安排学车，主要是不太安全，因为有时天亮得不是很早，若老年人此时练车，会形成夜间开车的感觉，视力会对开车安全有影响。另外，学车后期练车的时候，如遇雨天、雾天，老年人一定要和教练协调好，避开这些时间段。

2. 注意劳逸结合

人上了年纪，有时中午爱眯一小觉，养成习惯后很难改掉。因此该休息的时候就一定要休息，千万不要强打精神，以免给自身和他人造成危害。另外，切忌在身体患病、不适的时候驾驶车辆。

3. 注意身体变化

60岁以上老年人学车有着严格的身体体检标准。如：患有高血压的老人[高压大于等于160mmHg(毫米汞柱)、低压大于等于100mmHg是绝对不允许开车的；有震颤麻痹、癫痫、癔症等病史的也不允许开车；另外，任何一只眼视力低于4.9、单侧听力水平超过40分贝的老人都不允许再开车。老年人长期处于一种相对"静"的状态，而驾驶是一种"动"的状态，因此在学车的过程中，容易产生心跳加快、脸红胀、出汗等状况，严重的会出现全身发抖等紧张情绪，教练员要注意观察，及时进行调整。在学员上车以前，就要对老年学员的身体状况进行详细的了解，对其视力、听力、血压、心率、四肢的协调情况等都要进行登记，做到心中有数。

4. 注意因人施教

有些老年学员本来行动就不敏捷，再加上身体过胖，因此在倒桩时，就不易采取扭头法，而应采取看后视镜法。像前文介绍的学员谭老先生，体重80公斤，腰围3尺2寸，扭头困难，只有看后视镜。

5. 选择合适车型

江门市一位姓熊的老年女学员报名学大车，驾校的主任一听笑了，说："你这么又矮又小的，坐到车里就看不见人了，还要学大车？"最终在换了三个教练后，她一次性通过了考试。她这种敢于挑战、不服老、不服输的精神固然可嘉，可毕竟年龄不饶人，身体不饶人。因此，对老年学员而言，学自动档的车要远远好过学手动档的车。学自动档的好处，最关键的是操作简便，可以将更多的注意力集中到怎样处理路面的复杂情况。如果学手动档的车，行进中右手频繁地换档、左脚频繁地踩踏离合器踏板，对于四肢已不是十分灵活的老年人来说，就会加大开车过程中的劳动强度。如果学自动档的车，这两个步骤就可以省去，可以减少左下肢、右上肢一半以上的工作量。老年人就可以轻松地根据路面的实际情况使用加速踏板。另外，学自动档的车还可以减轻老年人的心理压力。

第五节
怎样克服学员的紧张心理

一、走出"怕"字的阴影是克服学员紧张心理的关键

小芳的学车故事

儿时的一次经历（当时仅差1.8厘米，几吨重的货车就要从我的腿上飞奔而过了），让我对汽车产生了莫名的恐惧感。记得当时，爸爸骑车送我去上学，只要在我的视力（当时还小，视力颇好）能触及的地方有车辆，我们就必须下车，等到所有非人力车辆过去之后，我们方能继续前行。有了先前这种对汽车挥之不去的恐惧感，想必我今生与学车是无缘了，只感觉是"有它没我，有我没它"。这也是此后十几年来心底里一种不

变的想法。

现如今，历时十几年的学习生涯结束了，"尚不经事"的我也被"逼上"了工作岗位。工作的不便，加之家人、朋友、同事的劝说，我开始胆战心惊地考虑学车一事。说实话，两年前读研二时就有过此大胆的想法，可心中的那种恐惧仍无法战胜，所以一直等到了两年后的今天。仔细想来，人总不能一直活在过去的阴影下，只要敞开心扉，大胆尝试，以一颗勇敢的心去面对，就没有什么不能克服战胜的困难！想到此，我拿起妈妈早已给我备好的钱，坐车径直来到驾校报名台前，在报名表上开心地写下了自己的名字。虽然实战练习还未开始，我也想象不出到那时又是一种什么境况，但我知道，现在的我是开心的、愉悦的，是自我战胜的。而且，我相信就在今天，我已与车结下不解之缘，完全摒弃了自己先前对车的恐惧心理。

同时，值得高兴的是，暂时告别了"A、B、C、D"和"加、减、乘、除"的学习生涯，又开始了另一种截然不同的，更为刺激与令人兴奋的学车生涯。

虽然自己现在也是老师，但当身份转换成为驾校的学员时，不免对自己的老师——教练还是有些畏惧。但随后的第一次谋面使我肯定了先前的种种想法都是多余的。我们的教练姓付，我们更喜欢称他为"教授"或"硕导"，虽然这是教练开玩笑时自封的（因为有几个跟着学车的都是研究生），但我们真的觉得这个称呼很适合他。一是，他可谓博学，有丰富的驾车经验，还不时诚恳地教你如何为人处世；二是，他教授时严谨认真，热情诚恳。

有时心里所想和实际操作不能完全一致，感觉起来很简单的东西，实际学起来完全是两回事。由于先前从未接触过，就连最简单的起步、停车，在教授了几遍后，我还是难以记住程序，领会要领。此时的我顿时又觉得自己可能真的与学车无缘了，我自己都对自己失望了，可付教练还是不厌其烦地一遍遍地教。我都跟他说："你把这些程序给我录下来到时只给我播放好了，否则，我真不知道你还要为我费多少口舌。"可我们的"教授"只是微笑，还用一句最实在朴实的话回答我，"你已经做得不错了，而且这是我的工作，没什么。"

总之，一段学车生涯教我如何正视自己，战胜自己；一位正直热心的教练教我如何驾车，如何放飞实现自己的理想。这段经历丰富了我的学习生涯。最后，我要诚心说一句：感谢驾校，感谢我们的"付教授"！

"付教授"的训练日记

报名——小芳是一个特殊的学员，之所以特殊，第一，她是我执教以来最难教的，是我的一位老年学员介绍来的，但最终顺利毕业了；第二，据老学员说小芳特别胆小，动员她来学车，比给她介绍对象还难。3月21日，她报名后不久，我按教学规范的要求打电话督促她学驾驶理论，说："理论考试完全靠你自己，我帮不上任何忙，以后的驾驶学习，完全包在我身上。"她反问："我如果学不会怎么办？"我回答："你学不会，说明我不合格，没有学不会的学员，只有不会教的教练。"她笑了。

第一堂课——原地模拟驾驶。在练习模拟加档时，我告诉她："两眼要向前看，顾远看近瞧两边。""学会开车是多么幸福的事情啊！可以开车去日照冲海浪，可以去沂水旅游大峡谷。"休息时，我还结合自己的体会讲了许多会开车的好处，她听得很投入。

第二堂课——前进后退。我把库位设计好，讲完要领，几个学员争先恐后地上车训练，最后一个是小芳，她说："我不敢开。"我说："没事，我这里有副刹车，一切都在我的控制之中。"她还是说："我不敢开。"我

驾校教练员的五项修炼

又说:"你是老师,我也是老师,你的学生信任你吗?你应该信任我,不要怕,上来。"她终于上了车,我用手比作离合器踏板,又讲了一遍要领,车子动了,一遍,两遍,三遍,小芳咬着嘴唇满头大汗。

第三堂课——场内转圈。小芳仍然是磨磨蹭蹭后最后一个上车,紧张的神态比昨天有过之而无不及,虽然嘴上不停地说没事,但眼神里流露出的却分明是惊慌。一圈过后,我与她进行了一次单独谈话,我说:"我知道你小时候差一点出了车祸,而我是真的出过车祸的,那是在毫无预知的情况下被大货车碰的,我昏迷了36个小时,睁开眼时谁也不认识,手臂和大腿骨折,更惨的是手臂接倒了,又拉开重接的。我们不能因噎废食,我们要走出阴影,我们要敢于迎接挑战。"小芳听了很激动,我看得出我的经历在她心里起了化学反应。

第四堂课——我私自修改了训练科目。这一天,我把车开进了占地一千亩投资上千万的训练场,我说带她到一个练胆量的地方:正直高速。到了高速路口,在我的指点下,她做完起步程序,便在我催促下加满档,车速很快达到每小时120公里,我说过瘾吧,她说害怕,我说再来一次,她说好,连着做了三遍,我问她还怕吗,她笑着说不怕了,我说好,你的车学会了一半。

……

未学先怕是部分学员尤其是多数女学员的通病,是造成她们心理紧张的主要原因。像"小芳"这样的学员,在她眼里有三只"老虎"。汽车是"老虎",它每年"吃"人无数,驯服不了它,它随时会伤人,学员们不仅怕它会伤他人,更怕伤着自己;教练是"老虎",听说教练都有个"车脾气",上车就变坏,熊人、骂人、训斥人、讥讽人是家常便饭,学员怕自尊受到伤害,怕自信心受到打击。考官是"老虎";有些考官被人供着敬着,走起路来都横着,考试完全凭情绪,情绪好多及格几个,情绪不好"枪毙"一大片,学员们怕自己辛苦一场最后成了"烈士"。

驾驶技术算不上高难度的应用技术,但如果说它有点难度的话,就在于它需要手、脚、眼的协调和配合。在教学上,需采用动态教学,是在对驾驶有了一定的认识后,必须经过大量实践体验尝试的过程才能掌握。走不出"怕"字的阴影,不敢尝试和挑战,教学就很难进行,因此,教练员要当好学员心理上的指导员,帮助学员克服紧张心理是教练员的基本素质。

付教练教学上的成功有四点值得肯定。

其一,知己知彼,心中有数。小芳上车之前,他就掌握了小芳特别胆小的情况,并有针对性地打了预防针,以自信果断的语气承诺:理论考试过后,完全包在我身上,没有学不会的学员,只有不会教的教练。虽然此时教练员和学员尚未见面,但可以想象,学员小芳心中增加的不会是担心。

其二,建立信任,激发热情。在第一阶段教学时,付教练适时地给学员描绘了会开车的惬意,意在激发学员的学车热情,明确地要求小芳要信任他,一切都在我的控制之中,保护神的形象在逐步树立。

其三,揭开伤疤,心理辅导。心病还得心病医,付教练的特殊经历在小芳的心中起了化学反应,这是使小芳走出"怕"字阴影的关键一步。

其四,极限挑战,战胜自我。"私改训练项目"是因人施教的体现,是精神治疗后重要的辅助治疗,是培养小芳"曾经沧海难为水"心态的强化手段,"高速"都经历过,还怕什么?

二、宽松的教学环境是缓解学员紧张心理的良药

小和尚打油的故事

从前有一个小和尚,这天,庙里管厨房的大和尚让他去打油,并且严厉地一遍又一遍地向他交代:"你一定要小心,绝对不可以把油洒出来,否则罚你做一个月苦力。"

小和尚答应着,胆战心惊地下了山。在大和尚指定的店里打好油后,小和尚踏上了回寺庙的路程。一路上,小和尚都在想着大和尚凶恶的表情和严厉的告诫,小心翼翼地端着装满油的大碗,每一步都走得提心吊胆。

眼看走到庙门口,没想到一不留神,小和尚一脚踩进大坑里,碗中油洒了三分之一,他越发紧张,手脚也开始发抖,等见到厨师时碗中的油只剩下一半了。

大和尚自然很是生气,他怒气冲冲地骂小和尚是个笨蛋,都交代过要小心了,还是洒了这么多!

难过的小和尚边走边哭,碰到了方丈,他了解事情的经过以后,慈祥地对小和尚说:"我再派你去买一次油,这次我要你在途中多观察你看到的人、事、物,并且回来向我详细描述。"

第二次打油归来,在回寺庙的途中,小和尚遵照方丈的嘱咐观察路边美丽的风景:雄伟的山峰,耕种的农夫,欢快的孩子在路边的空地上玩耍,两位白发老先生兴致勃勃地下棋……

就这样小和尚不知不觉地回到了寺庙里,当小和尚把油交给方丈时,发现碗里的油一点儿也没有洒出来。

大和尚凶狠的目光、严厉的语气、苛刻的要求，给小和尚带来无比的紧张，结果是"油洒了一半"。有些教练员很像这个大和尚，而许多学员就像这个可怜的小和尚，"大和尚"式教练员是自己不会教，方法也不得当，态度又差，动辄训斥，搞得学员心理紧张，差错率明显增加，这时再遭到"大和尚"变本加厉地挖苦："脑子进水了吗？见过笨的，没见过你这么笨的，摊上你这样的学员我倒了八辈子霉了……"将会导致学员更加紧张，甚至恐慌，严重的甚至会让学员对自己的能力产生怀疑，如此就进入了一种恶性循环。其实真正有病的是大和尚，而吃药却是小和尚。

方丈则不同，他布置任务和颜悦色、面容慈祥，转移了小和尚的视线，在意的是过程，结果小和尚心情放松，碗里的油一滴未洒。我们怎么样做一个"方丈"式教练，给学员营造一个宽松的学车环境呢？

首先要有爱心。"没有爱就没有教育"，热爱学员是教练员的美德，爱学员是教练员职业道德的基础，同时还要有现代服务意识，要习惯于换位思考，要把理解学员、关心学员、爱护学员从挂在嘴上真正落实到行动中。用热情打消学员的疑惑；用诚恳解除学员的戒备；用爱心融化学员的恐惧。

> 冯教练是一位很有责任感的教练员。2006年，他带了一位姓张的中年女学员，张女士心理素质特差，一上车操作就心律过速，脸充血发红，还经常伴有头晕的现象。在练倒桩时，由于腿发抖老是掌握不好半联动，冯教练想了很多办法，但效果都不大，冯教练很是苦恼，怎样才能消除张女士的紧张心理呢？在分析中，冯教练发现和与张女士同车的另外三个学员也都是内向型的"闷葫芦"，教学气氛很压抑，而夜训班的几个学员个个是"活宝"，气氛活跃得使他担心安全驾驶受影响，于是冯教练决定调夜训班其中的两个"超级活宝"给张女士当陪练，以此调节教学气氛，缓解张女士的紧张情绪。这两位夜班的男学员克服工作生活的不便，欣然接受了

冯教练的安排，充当冯教练的助手。二人不辱使命，训练中不停地给张女士搞笑逗乐，适当地分散了张女士的注意力，帮助张女士终于迈过了这道"门槛"。

其次要有耐心。同样一个科目，同样在听在学，有的学员掌握了，有的学员没有掌握，这就是学员间的差异性，是教学中非常正常的现象。可是此时有的教练员往往沉不住气，脸难看，话难听，"人家都会了，为什么你不会？"给付教练介绍小芳的学员，是一个带着女儿和女婿一同学车的母亲，同样一个问题，讲一两遍女儿女婿就明白了，动作就到位了，可是讲十遍八遍，母亲还是不会，两个孩子都听烦了，可付教练没有烦，变换一个角度再讲。《长沙晚报》与"星辰在线"网站一同推出的长沙汽车驾驶培训市场消费调查结果表明，61%的市民喜欢态度温和的男教练，51%的市民希望教练员能够提高服务意识。有耐心不一定就是一个好教练，但没有耐心肯定不是一个好教练。

三、积极的暗示是帮助学员克服紧张心理的风帆

美国一位某电站工作的电力工程师，他经常感到自己有可能触电，虽然有各种保险措施，但他仍然深感不安。一天，他无意中触到了一根电线，立即晕倒，表现出种种触电症状：肌肉颤抖，皮肤发红，最后留下了种种触电症状而死。但经过检查，那根电线实际上不带电，他纯粹是被自我暗示吓死的。我们有些学员平时训练，好好的，一到考试就紧张，就"晕场"，也是被自己"吓死"的。

心理学家奥尔波指出，暗示能产生很大的效力，它有两方面的表现：一

是语言控制的自动性和无意识性，二是身体变化的普遍性和完全性。人的神经系统可多次反复强化而得到巩固，并在暗示的刺激下形成了牢固的联系。而人体是一个自我调节的系统，各器官配合默契，某器官接收到某种刺激时，另外一些器官会自动地表现出相应的反应。

心理学家还发现年龄幼小、独立性差和身体衰弱者比较容易接受暗示，因为这些人依赖性强，独立分析问题和判断问题的能力较弱。我们在哄孩子睡觉时，如果你只是简单地吩咐孩子："快去睡觉！闭上眼睛！"往往并不容易见效，有时反倒使孩子更加兴奋。这时你可以暗示他："有一天，小鸭子要出去玩，妈妈对她说别的小朋友都睡觉了，小鸭子不听，走到河边一看，鱼都睡觉了，走到树林一看，小狗都睡了，走到田野里，小鸡都睡了，睡觉了，睡觉了，他们都睡觉了，他们都把眼睛闭上了。小鸭子想：妈妈说得对，我也想睡觉了。"讲故事时，注意语调疲倦，不断重复"睡觉"等词，声音逐渐逐渐减弱，最后若有若无，你也在不断地打哈欠，就可能让孩子成功入睡。另外，女子比男子更易接受暗示，由于女子比较富有感情，当情绪高涨时，最容易受外界的影响，较易受暗示。女子受到传统的教育和社会环境的影响，往往对男子表示顺从，也易受到暗示。

自信源于成功的暗示，恐惧源于失败的暗示。积极的自我暗示，是用积极向上的思想和语言不断告诉自我：我优秀，我能行，我真的很不错，我没有问题。学员积极的暗示一旦形成就能使悲观变为开朗，使恐惧变为镇定，使犹豫变为坚定，使自卑变为自信。积极的自我暗示就如同帮助学员挂起了风帆，会促进学员学车成功，考试成功，人生成功；相反，消极的自我暗示，老是有一种消极的语言在耳边响起：我比他们差，我不行，我有问题，我过不了关。这种声音能使心理健康的人变得萎靡不振，疑神疑鬼，甚至不敢面对挑战，退却逃跑。学员消极的心理暗示一旦形成，又不能及时消除，就会影响学员的学车进度，影响他的考试过关，甚至会影响他一生的成功。

四、防止"瓦伦达心态",帮助学员踢好"临门一脚"

何谓"瓦伦达心态"?

瓦伦达是美国20世纪50年代著名的高空走钢丝的表演者,他一辈子表演都很成功,但在一次重大的表演中,却从钢丝上掉了下来摔死了。事后,他的妻子说:"我知道这一次一定要出事,因为他上场前总是不停地说这一次太重要了,不能失败,绝不能失败;而以前每次成功的表演,他只想着走钢索这件事本身,而不去管这件事可能带来的一切。"

瓦伦达的失败,其实是败给了自己。他一心想着事情能不能做好,而无法专注地去做事,因而就无法获得成功。后人把这种不能专注做好眼前事情,患得患失的心态称为"瓦伦达心态"。

美国斯坦福大学的一项研究也表明,人大脑里的某一图像犹如实际情况那样刺激人的神经系统。比如,当一个高尔夫球手击球前一再告诉自己"不要把球打进水里"时,他的大脑里往往就会出现"球掉进水里"的情景。这一情景会指挥他的行动,结果事情不是向他希望的那样发展,而是向他害怕的方向发展——这时,球大多都会掉进水里。

仔细观察,在我们的日常生活中"瓦伦达心态"无处不在,"瓦伦达事件"也在不断重演,过分在意名次的运动员往往失利,过分在意表现的演员往往失常,过分在意高考的学子往往名落孙山……在学车的大军中,总有一些平时训练成绩不错,但心理素质不好,总担心过不了考试关的学员真的就考试不及格,严重者会出现身体不适的反应,甚至会危及生命。

据《齐鲁晚报》报道：在日照某驾校周末班学开车的许女士说，她在桩考时，由于过分紧张，她的腿竟然抽筋了，幸亏当时考试马上就要结束，她便坚持考完了。但考试结束后，由于腿抽筋她实在下不来车了，几个学员就上前把她从车里抱出来，在对她的腿进行了一番按摩后，她才能站起来。许女士认为这主要是因为自己心理素质太差，过分紧张所致。

据"山西新闻网"报道：在长治市交警支队驾管科南充驾校，来自长治中天驾校的一名女学员在桩考现场突然晕倒休克，经抢救无效死亡。当时在考场的一名桩考管理员告诉记者，在这位女学员前边考的几个人大多不及格，其中还有她的老公，也许给她的心理造成很大压力，结果她也考得不理想。该女学员刚下来走到待考点向他老公说了一声"头晕"就倒下了，大家急忙把她送往长治医学院进行抢救。据参与抢救的急诊科张主任讲，这个女学员抬来时已瞳孔散大，没有自主呼吸，血压脉搏全无，诊断为院前死亡。

驾驶培训是一种体验式教育，一个优秀的教练员不仅是帮助学员掌握安全文明驾驶的技能导师，还应该是帮助学员克服紧张战胜自我的心理导师。然而，用何种方法才能帮助学员克服紧张战胜自我顺利度过考试关呢？

方法一：模拟考试——练胆子。

朱建华是我国第一个在奥运会田径项目上夺得奖牌的运动员，他曾多次破跳高的世界纪录，但在关键比赛中屡次"掉链子"。刘翔改变了传统的训练模式，采取了以赛代练的新方法，在大赛中屡创佳绩。两位运动员不同的命运告诉了我们一个道理：胆子影响成绩的发挥。胆子是可以练出来的，模拟考试只要多组织，变花样的组织就会收到一定的效果。我们可以用学员不熟悉的别的教练客串当考官，也可以请部分学员来站场当观众观摩桩考，我们还可以请队长在正式考试之前先进行一次初考，凡此种种，可以使心理素质差的学员在这一次次的模拟中得到锻炼,减弱其紧张心理,提高稳定性。

方法二:心理辅导——卸担子。

学员的心理负担往往是由于想得太多而造成,因此心理辅导的重点是帮助学员形成"四心"。

一是"专心"。专心去做事的时候,就不会再考虑成功或者失败,就不会考虑与做这件事无关的问题,没有了成败的忧虑,人就自然变得轻松自如,动作就会到位,要领就能把握得准,害怕失败就是最大的失败。

二是"自信心"。帮助学员建立自信心不是一朝一夕的事,也不是考试前临时抱佛脚能解决的事,而是从入学就要培养的事,只要"我对你有信心"经常挂在教练的嘴上,"我能行"就会在学员心里扎下根。帮助学员建立自信心的一个重要方法是运用"纵向比较法",所谓"纵向比较法"就是引导学员与昨天比,和自己纵向比,每天都能看到进步。千万不要"横向比",和优秀学员横向比,越比越没有信心。

三是"平常心"。心理学家认为,紧张是人们正常的一种心理活动,紧张是一种有效的反应方式,是应付外界刺激和困难的一种准备,有了这种准备,便可产生应付瞬息万变的力量。因此紧张并不全是坏事,适度的心理紧张反而能够提高效率,有助于问题的解决,只有过度的精神紧张,才不利于问题的解决。因此要让学员坦然面对和接受自己的紧张,一定让他认识到自己的紧张是正常的,很多人在某种情境下可能比自己更紧张。要引导学员不要与这种不安的情绪对抗,而是体验它、接受它。要让学员这样想:如果我感到紧张,那我确实就是紧张,但是我不能因为紧张而无所作为。围棋运动员很崇尚"平常心",因为些许的心理变化,往往会影响整盘棋的格局。许多成熟的教练员经常提醒学员的话是:"平时怎么练的,你就怎么考;不要把考试太当一回事;考不过,没关系,我还有办法,我还舍不得你走呢;考试不是目的,真正会开才是目的。"功利心理、浮躁心理、胜负心理都会影响到平常心的建立，学开车就要一门子心思地多想、多练、多悟，要像老和尚一样，一心拜佛，四大皆空。

四是"放飞心"。如果在临考之前学员紧张情绪还不能缓解，就要设法使学员放飞心情，转移关注点。可以做深呼吸，慢慢吸气然后慢慢呼出，每当呼出的时候在心中默念"放松"；可以将注意力集中到路边、周围的人和物上，比如，看着窗外的一棵树、一朵花、车内某个美女靓男或任何一件柔和美好的东西，细心观察它的细微之处。或者闭上眼睛，着意去想象一些恬静美好的景物，如蓝色的海水、金黄色的沙滩、朵朵白云、高山流水等。

方法三：考前关照——打底子。

运动员每逢大赛上场前，他的教练总会在关键的时候说一些关键的话，或者用会意的眼神和肢体语言给予及时的鼓励，帮助运动员放松心情。最了解学员的是教练员，考前的关照，增加学员的底气，是教练员教学活动的最后一个环节，也是剧终前的一个亮相，此时，教练员该说什么一定要心中有数。面对特别紧张的学员，在前边的手段都失效的情况下，你不妨来一次善意的欺骗，告诉学员你或者你的队长已给考官说好了，不用怕，考试只是走过场。此招不管是否有效，考后都要给学员说明白，不要给学员造成误解，影响驾校和考官的形象。

另外，在如何克服学员考试中的紧张心理方面，各地的教练员在实际训练和教学中，也总结出了许多切实可行的方法，许多教练员每次考试都让心理素质好、把握性最大的学员打头阵，以这个学员的成功鼓励后面的学员。还有的教练员让心理素质差的学员早到考场，却安排在后面考试，让这个学员在一次次紧张中，造成心理疲劳，从而减缓紧张。还有的教练员对不自信的学员在训练中采取"缩库训练法"，就是将桩库的长度和宽度都适当缩小，加大训练难度，当学员在缩小版的库中都能顺利完成训练科目时，无疑在考试中会增加信心。

第四章

沟通
修炼

第一节
怎样搞好与学员的沟通

一、做一名会微笑的教练员

与学员的沟通从记住学员的名字开始。每个学员都是与众不同的独立个体，如果你能让对方感到你对他的重视，定会加深你们之间的关系。其实，记住对方的名字，是一个增加亲近感的最简单的方法。西点军校对新学员有一项特殊的要求，每个人必须记住1400多名新学员的名字，这可不是件容易的事情。但事实上，每个学员基本上经过一年的训练后，能把基地4000多名学员的名字记得一清二楚，包括他们来自哪个州、是否单身。对于大多数人来说，听到别人能准确无误地说出自己的名字会感觉很愉快。西点学员明白：记住其他学员的名字，而且很轻易地叫出来，等于给别人一个巧妙的赞美——因为人们对自己的姓名看得惊人的重要。不少人拼着命也要使自己的名字永留青史，这就是人性可以抓住的一个"弱点"。我们要求教练员备课、备教学大纲、备学员，而备学员，就是要从记住学员的名字开始。

与学员的沟通从微笑开始。语言是人们进行交流沟通的工具，而微笑则是一种无声的语言，它是沟通的开端，是人际交往的魔力开关，只要你轻轻一笑，就胜过千言万语。微笑具有一种魔力，它可以点亮天空，可以振作精神，可以改变你周围的气氛，更能拉近你与学员之间的距离。保持微笑的教练员，走到哪里都是受欢迎的，谁都喜欢与其打交道，你微笑着表扬学员，能使学员感到你的诚心；你微笑着批评学员，能使学员感到你的善意；你微笑着拒绝学员，能使学员体谅你的难处。而不会微笑教学、不知道微笑服务的教练员会使学员避之犹恐不及。

与学员的沟通从自我介绍开始。教练员本身就是一个商人，每天都在出售技术与态度，商品需要展示，需要广告，而教练员的自我介绍就是在展现自己，犹如商品广告。在有限的时间内，针对学员的需要，将自己最美好的一面毫无保留地表现出来，激发学员的学车兴趣，让学员快速地接受你，喜欢你，信任你，为以后的训练教学打下良好的基础。自我介绍要有一定的层次，介绍的内容包括自己的姓名、年龄、来自何方、执教时间、兴趣爱好、个人特长、培训期数等。

自我介绍时，表情要尽量放松，不能过于严肃，最好能略带微笑，既要表现出自己的热情，又要稳重大方，切忌张扬和强势。自我介绍要因人而异，不可千篇一律，要突出自己的个性，语言最好有点幽默。

二、做一名善于倾听的教练员

齐桓公因为细听而善任管仲；刘玄德因为恭听而鼎足天下；唐太宗因为

兼听而成明主；蒲松龄因为虚心听取路人的述说，记下了许多聊斋故事。历史上因善于倾听而成就了许多名人，在今天的现实生活中，善于倾听也会帮助我们教练员走向成功。学会聆听是教练员教学沟通中的基本功之一，一个不会聆听、不断打断别人的话语、自以为是、喋喋不休的教练员不会成为学员的真正朋友。要想成为一名善于沟通的教练员，必须首先学会聆听，其次才是表达。许多教练员认为，善于沟通的人一定是能说会道的人，其实这是一个误解，会说的人，有锋芒毕露的时候，也常有言过其实之嫌，说多了，会被认为夸夸其谈、油嘴滑舌，说过分了还导致言多必有失，祸从口出。静心倾听就远没有这些弊病，倒有兼听则明的好处。古希腊先哲苏格拉底说：上天赐人以两耳两目，但只有一口，欲使其多闻多见而少言。寥寥数语，形象而深刻地说明了"听"的重要性。

学会倾听是有耐心的表现。我经常看学员的表扬信，也经常到其他驾校的网站上看学员的评论，学员夸自己的教练使用最多的一个词就是"耐心"。无论我们的工作压力多么大，也不管自己心情多么糟糕透顶，能有耐心地听学员把话说完，这就表现出了教练员的善意，学员有什么问题，有什么想法，有什么困难，你认真地了解倾听了，你就走进了学员的心灵，就可与学员一起分享学车的快乐。

学会倾听是有教养的表现。注意听，给人的印象是谦虚有涵养，是专心稳重、诚实可靠。有的教练员还没听学员把话说完就火冒三丈、气冲斗牛，这明显是没有耐心、欠缺修养的表现，这样的教练员往往误事，把本来并不复杂的事情复杂化，相反，会倾听的人，能从学员的口中听出道理，并能想出解决问题的办法来。尤其是面对说话比较絮叨的老年学员，我们的态度更要谦恭和耐心，以表达出对老年人的应有尊重。

学会倾听能消除误会，解决矛盾。认真听，能减少不成熟的评论，避免不必要的误解。善于倾听的教练员常常会有意想不到的收获，会深得学员们的喜爱，学员都愿意与他打交道，愿意亲近他。

因此，一名成熟的教练员要学会出租耳朵，为学员的倾诉留下充分的空间。大多数人的倾诉更需要听众，而不是评论家，他们的目的在于说，说过等于宣泄过，过程结束便是结果，有时他不需要你做过多的评价和答复，所以面对这些出于宣泄为目的而不是以求知为目的的倾诉，你只要出租耳朵、面带微笑、简单答复即可，当然，对于以求知为目的的倾诉，则需要详细答复。

1. 倾听的三种境界

（1）选择性地听

现在学车的女学员占的比重越来越大，在许多大中城市的某些驾校，女学员已经占到了50%。俗话说："三个女人一台戏"，她们凑在一起，三句话不离本行，话题多是老公、孩子和婆婆。谈这些话题，作为男性的教练员一般不要掺和，你可只关注"前座"，忘掉"后座"，专心致志。

（2）专注用心地听

> 美国汽车推销之王乔·吉拉德曾有过一次深刻体验。一天，某位名人来向他买车，他推荐了一种最好的车型给他。那人对车很满意，并掏出1万美元现钞，眼看就要成交，对方却突然变卦而去。
>
> 乔为此事懊恼了一下午，百思不得其解。到了晚上11点，他忍不住打电话给那人："您好！我是乔·吉拉德，今天下午我曾经向您介绍一部新车，眼看您就要买下，为什么却突然走了。"
>
> "喂，你知道现在是什么时候吗？"
>
> "非常抱歉，我知道现在已经晚上11点钟了，但是我检讨了一下午，实在想不出错在哪里了，因此特地打电话向您讨教。"
>
> "真的吗？"

"肺腑之言。"

"很好！你用心在听我说话吗？"

"非常用心。"

"可是今天下午你根本没有用心听我说话。就在签字之前，我提到犬子吉米即将进入密歇根大学念医科，我还提到犬子的学科成绩、运动能力及他将来的抱负，我以他为荣，但是你毫无反应。"

乔不记得对方曾说过这些事，因为他当时根本没有注意。乔认为已经谈妥那笔生意了，他不但无心听对方说什么，而且在听办公室内另一位推销员讲笑话。

这就是乔·吉拉德失败的原因：那人除了买车，更需要得到对于一个优秀儿子的称赞。乔·吉拉德恰恰没有站在对方的立场思考与行动。他只是想当然地以为"已经成交了"。

当学员遇到困难和问题时，学员有时可能会认真并郑重其事地与你谈话，也可能因为不好意思给你添麻烦而暗示流露一下，只要是关系到学员利益的事情，作为一名教练员都要专心致志地听。专心致志地听，就要控制情绪，保持冷静，注视对方，表示对其内容感兴趣；专心致志地听，就要尽可能不要打断学员讲话，面露微笑并在合适的时候点头示意，鼓励学员把话说完；专心致志地听，就要开放自己的胸襟，平心静气地接纳学员意见，不要先入为主，以偏概全，断章取义，不与学员争论，不过早下结论，更不能妄加批评。在听完以后，该答复的一定要答复，自己处理不了的要及时反映，不能一笑了之，石沉大海。

（3）设身处地地听

教练员面对的倾诉主要有如下几种。第一，初学学员由于不自信或紧张而产生的不由自主的诉说或唠叨。那只是缓解紧张或焦虑情绪的一种方式，学员往往一遍遍地问"我能行吗""我紧张怎么办""我学不会怎么办""我愁死了,我不想学,某某非让我学"。其实,学员说的时候,寓含着对教练员的无限的信任和期待,最渴望的是你肯定的答复,因此,这时教练员要耐心听,听完之后用肯定的语气告诉学员你能行即可,简单的话语将起到巨大的心理安抚作用。第二,学员学习过程中,由于种种困难表达畏难情绪,或者犯了错误,为了维护自尊心表达的一种辩解。这时,教练员不要跟他较真,指出问题关键,鼓励一下就可以了,一般不要表达不耐烦的情绪,你真的不耐烦的时候,可以不说话,免得引起冲突。第三,某些素质较低的学员蛮不讲理地唠叨。这时我们大可置之不理,既不迎合也不反击,沉默是金,沉默是一种无言的力量,让他在你的沉默中反思自己,但前提是我们做得正确。

2. 倾听中的目光运用

礼仪老师告诉我们,平时最好的倾听方式就是把目光聚焦在对方身上。目光焦点放在哪里,可是一门学问。目光放在对方额头上,会让对方认为你自我感觉良好,眼光太高;目光放在对方眼睛上,会让对方认为含有敌意而心慌意乱讲不下去;目光放在对方嘴上,对方会以为他话太多而缄口不语;放在对方脖子以下的位置,女学员会认为你目光太色。最好的目光焦点是放在鼻子上。

心理学家克拉克在一次试验中,让采访者用三种目光与被实验者进行对话:

一是"聚精会神"专注的目光;

二是"时看时不看"躲闪的目光;

三是"几乎不看"的目光。

实验结果表明,被实验者把"聚精会神"的目光,列为对自己最有兴趣、最专注的人,因而也对采访者产生好感,对他们的评价也很高。

目光能够传达很多用语言难以表达的信息。心理学家发现,除了能进行思想交流以外,目光还反映出一个人的心理和精神状态。眨眼的频率、专注时间的长短、目光聚集的宽度、瞳孔放大的程度,都会不自觉地表明人的心理状态、态度、内涵。在愉悦的状态,瞳孔自然放大,产生迷人的效果。心理学家观察男性瞳孔,当画面上出现美丽动人的性感女郎时,被测试者的瞳孔会普遍放大。

人们对自己喜欢的人会多用目光注视,对不喜欢的人则尽量不看。谈话时能用平稳的目光望着我们的人,是能赢得我们好感的人——他可能诚实,心中无所隐瞒,是个心胸坦荡、自信有勇气的人;一个目光游离不定、扑朔迷离的人,让我们感到他不敢让别人看到自己的心灵世界,可能不诚实,心中有不可告人的秘密。有权威,占据强势地位的人,目光中透出威慑力;善良、宽容的人,目光中流出慈祥;冷酷、狭隘的人,眼神中放射出奸诈;大脑和心灵都是一片空白的人,眼光茫然。

三、做一名善于表达的教练员

恰当而充分地表达自己是人际交往的基本功之一。表达有三种形式:一是语言表达(口头语言、书面语言),占7%;二是表情表达(目光、微笑等),占38%;三是体态表达(手势、身姿等),占55%。沟通的误区是人们往往认为自己的语言太棒了。世界企业管理大师彼得·德鲁克认为:人无法只靠一句话来沟通,总是靠整个人来沟通的。正直驾校开学沟通的第一件事是,教练员用一个刷干净的杯子倒上热水递给学员;正直档案室的人员到运管处给学员培训记录盖章,第一件事就是给工作人员倒水,正如当年八路军到老乡家里的第一件事就是扫地担水一样。

鸟不会被自己的双脚绊住,但人会被自己的舌头拖累。高超的表达能力是一种艺术,也是一种创造,是不容易的。人们表达方式不同,效果就会不同。表达最起码的要求是口齿清晰、逻辑严密、合情入理、声情并茂、果断有力。

对于教练员而言,表达的内容有两种:一是知识性的,即对学员讲解汽车结构原理和驾驶技术要领,既要专业,又要通俗,这就需要教练员长期的学习积累,还有勤于思考;二是交往性的表达,即与学员进行信息交流。我认为教练员在表达时一要抓住几个关键点,即学员有疑问时用肯定的语气,学员忐忑不安时用有力的语气,学员征求意见时用商量的语气,学员暴躁发怒时用平和的语气,学员生气郁闷时用欢快的语气,学员不配合时用果断的语气;二要加强语言表达的力量感和果断感,充分蕴含意志力,才能让学员信任、信赖、信服;三要加强表达的幽默感,幽默是一种高超的表达艺术,它能使问题在轻松愉快的氛围中解决,还有利于保护人的自尊心,减少不必要的冲突,比直接的批评或指责效果要好得多。一个乐观、豁达、幽默、真诚、热心的人,走到哪里都会受欢迎。

教练员表达中的障碍有方言和不良情绪。

1)方言。使用普通话教学是对每一个从事教育工作者的起码要求,现在的城市中,流动人口、外来人口所占的比重越来越大,而我们大部分的教练员还不能流利地使用普通话,这就使许多外地学员经常听不清楚、听不明白,影响了正常的教学沟通,因此在驾校中提倡普通话教学势在必行,这既要对教练员提出明确的要求,又要配套必要的考核措施,要给使用普通话教学创造一个良好的环境。

2)不良情绪。在一些管理正规的驾校里,教练员的压力是很大的,工作时间长,没有节假日,服务标准高,招生难度大,再加上家庭生活中的一些压力,有时会出现一时的情绪波动甚至失控,表现在训练与教学上,轻则会对学员表情严肃、语调过高、态度不耐烦，重则会对学员进行指责、训斥，造成沟通失败、服务失败。

> **唐太宗散步**
>
> 唐太宗经常在同魏征谈完话后出去散步，这几乎成了一个习惯，有人问唐太宗这是为什么？唐太宗说得很直白："我怕我杀了他。"魏征以前曾经辅佐李世民的哥哥，后来李世民杀了自己的哥哥，但重用了魏征，魏征并没有因此而改变自己直率的性格，照样尖锐地批评李世民，李世民知道魏征讲的是对的，但是对他不讲方式的直谏还是难以忍耐。于是，他只好出去散步，进行深呼吸，以控制自己的情绪，别做出让自己后悔的事。

李世民之所以成为大唐盛世的明君，和他的大度、包容、不受情绪影响很有关系。作为一个职业教练员，也要不断加强情绪控制的修养，不管工作压力有多大，都要排除干扰，以良好的心态、健康的情绪进行教学沟通。

一个药方医天下。有些教练员在教学中，不看对象，不分情况，在教学表达上一律以我为主进行讲解，而不是根据学员的经验、学识、文化区别对待，就像一个医生，不管什么病人都一个方子抓药一样，对文化程度低的学员不能用他们熟悉通俗的教学语言表达，对文化程度较高、理解能力强的学员又不能用逻辑严密的专业化语言教学。有些教练员把"讲过了"作为教学表达的标准，听不明白是你的事，别的学员为何明白而你不明白，完全以自我为中心，不是教练员适应学员，而是让学员适应教练员。

> **秀才买柴**
>
> 有一个秀才去买柴，他对卖柴的人说："荷薪者过来！"卖柴的人听不懂"荷薪者"（担柴的人）三个字，但是听得懂"过来"两个字，于是把柴

担到秀才前面。

秀才问他:"其价如何?"卖柴的人听不太懂这句话,但是听得懂"价"这个字,于是就告诉秀才价钱。

秀才接着说:"外实而内虚,烟多而焰少,请损之。(你的木柴外表是干的,里头却是湿的,燃烧起来,会浓烟多而火焰小,请减些价钱吧)"卖柴的人因为听不懂秀才的话,于是担着柴就走了。

根据对学员进行的教练员素质调查显示,学员认为教练员比较欠缺的素质是语言表达能力和授课技巧(图4-1)。

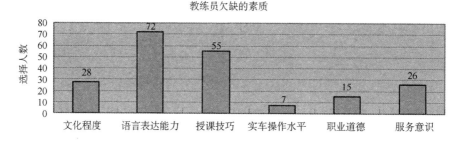

图4-1 教练员欠缺的素质调查

四、做一名不与学员发生冲突的教练员

驾培市场竞争的加剧迫使驾校越来越重视教学和服务质量,尊重学员,给学员创造一个温馨宽松的学车环境成为每所驾校经营管理的理念。对此,大部分教练员有所认识并自觉践行,但也总是有一些教练员仍没有从传统的"师傅"的角色中跳出来,对学员动辄训斥,"你真笨""你是猪脑子吗?"等不文明语言不时地从把关不严的嘴里"蹦"出来,轻则伤了学员的自尊,

破坏了学车气氛；重则形成了学员与教练员的对立，引起投诉和纠纷。如何避免教学冲突，达到有效沟通，其中一个诀窍就是教练员在忍不住要说教学禁语时，话到嘴边要拐个弯。

> 2007年1月1日出版的《读报参考》中刊登了一则小故事，说的是两位闺中密友相继嫁夫，不幸两位丈夫相继又下岗，下岗后两位丈夫十分颓废，整日喝酒赌博。一日，两女友相遇，相互哭诉一番，"我们真命苦，当初怎么就瞎了眼"，于是下定决心，回家摊牌，一个回家原话端出，于是丈夫破罐子破摔，最终导致离婚。一个话到嘴边拐了个弯："我坚信我没有瞎眼睛"，丈夫深受刺激，表示会用事实证明妻子的"坚信"没有错，以后不仅走上了致富路，家庭也度过了危机，找回了和睦。两个家庭，两句话，两个截然不同的结果，这其中有两位丈夫素质的差异，但后一个妻子话到嘴边拐个弯所产生的作用也是显而易见的。

经常遇到接受能力差的学员，是教练员职业生涯中不可避免的，教练员所能避免的就是不能犯急躁情绪，不说禁语，不说过头话，这是职业分寸的要求。当不该说的话就要脱口而出时，你不妨也拐一下弯，比如把"你真笨"变成"你不笨，但要多动脑筋"，把"你有脑子吗"变成"你是熊猫脑子，国宝级的，不舍得用也不行"，话一变，相信会产生另一种效果。

管好自己的嘴

明代开国皇帝朱元璋，出身贫寒，少年时就放牛，给有钱人家打工，甚至一度还为了果腹而出家为僧。但朱元璋胸有大志，风云际会，终于成就一代霸业。

朱元璋当了皇帝以后，有一天，他儿时的一位穷伙伴来京求见。

朱元璋很想见见旧日的老朋友，可又怕他讲出什么不中听的话来。犹豫再三，总不能让人说自己富贵了不念旧情吧，还是让传了进来。

那人一进大殿，即大礼下拜，高呼万岁，说："我主万岁！当年微臣随驾扫荡芦州府，打破罐州城。汤元帅在逃，拿住豆将军，红孩子当兵，多亏菜将军。"

朱元璋听他说得动听含蓄，心里很高兴，回想起当年大家饥寒交迫时有福同享、有难同当的情形，心情很激动，立即重重封赏了这个老朋友。

消息传出，另一个当年一块放牛的伙伴也找上门来了，见到朱元璋，他高兴极了，生怕皇帝忘了自己，指手画脚地在金殿上说道："我主万岁！你不记得吗？那时候咱俩都给人家放牛，有一次我们在芦苇荡里，把偷来的豆子放在瓦罐里煮着吃，还没等煮熟，大家就抢着吃，把罐子都打破了，撒下一地豆子，汤都泼在泥地里，你只顾从地下抓豆子吃，结果把红草根卡在喉咙里，还是我出的主意，叫你用一把青菜吞下，才把那红草根带进肚子里。"

当着文武百官的面，"真命天子"朱元璋又气又恼，哭笑不得，只有喝令左右："哪里来的疯子，来人，快把他拖出去砍了！"

在社交场合中，少说多听是一条永恒的守则。侃侃而谈不见得给自己增添光彩，更不能说明自己有学问，相反却可能给你带来言而不实、卖弄自己的恶名。一定要管住自己的嘴巴，说话一定要经过思考，这样才能减少处世的麻烦。

五、做一名语言文明的教练员

一句粗口，丢了一个"饭碗"

2005年，临沂市某印刷厂掀起了一股学车热，大部分人就近报了一所驾校，生产调度小陈邀了两位好友，报了另一家社会口碑较好但距离较远的驾校，也就是我们的驾校。

上车后却发现传闻和现实大相径庭，他们遇上了一个教学态度生硬粗暴的李教练。李教练自称是老板的战友，和老板的关系如何铁，教学中，学员稍有差错，他张口就是笨蛋、傻瓜。第一次他们一笑了之，但接下来，这却成了家常便饭，于是自尊心备受伤害的三位学员便采取联合行动，一方面，他们不再和李教练进行除教学以外的任何交流；另一方面，他们对李教练的教学脏话进行了录音。

终于他们熬过了考试，拿到了驾驶证，在把酒庆祝时，他们越想越窝囊，越想越气愤，于是便打电话投诉了李教练。

驾校十分重视，经查实后，第二天召开了全校大会，我在会上要求全体教练员要牢记"四个不要"：不要放松自我修养；不要认为口头语是小事；不要低估学员的自我保护意识；不要拿领导说事。之后宣布了处理结果：退还学员的学费，将李教练予以辞退，在驾校网站上设立"家丑外扬"栏目，将处理结果予以公布。

教练员大都是"半路出家"，原来多是走南闯北的行车人，可谓是行万里路，交八方友，性格上豪爽单纯，行为上无拘无束，语言上口无遮拦。而今因各自不同的原因，他们殊途同归进入了教练员队伍。但教练员应该是标准的"文明人"，"学高为师，身正为范"，他们是传道、授业、解惑的技能型老师。这些教练员要达到"文明人"的要求，从思想观念，到行为语言，都要进行脱胎换骨的改造，而语言的文明则是应最先注重的，要做到语言美，在教学中就要力戒十嘴：

1. 脏嘴

说话有口头语，语言不文雅，污染环境，破坏教练员的形象。像李教练这样嘴上没有把门的，不把口头语当回事，最终是自己酿的苦酒自己喝。有的驾校明确地把诸如"笨蛋""你脑子进水了""你没脑子""你有病"等作为教学禁语，以净化教学语言。

2. 荤嘴

讲黄色笑话，给女学员乱开玩笑，语言格调不高，得寸进尺，惹是生非，轻者招之投诉，会构成性骚扰。更有甚者，个别思想不健康的教练员经常给女学员发带"色"的短信，引起学员家庭的矛盾。《中华人民共和国治安管理处罚法》第四十二条第五款规定：多次发送淫秽、侮辱、恐吓或者其他信息，干扰他人正常生活的，处 5 日以下拘留或者 500 元以下罚款；情节较重的，处 5 日以上 10 日以下拘留，可以并处 500 元以下罚款。

3. 贫嘴

说的话有用的不多，无用的不少，动不动就拿学员或其他教练员调侃、取笑、挖苦一通。不分男女、不论长幼、不辨亲疏地乱开玩笑。废话连篇，插科打诨，自以为反应敏捷、口才出众，却不知人家厌烦透顶、避之不及，既令人瞧不起，又让人讨厌。

4. 闲嘴

对学员评头论足，像个搬弄是非的长舌妇，张家长李家短，往往无事生非。

5. 犟嘴

老大心态，权威自居，强词夺理，无理争三分，得理不让人，容不得学员解释反驳，一言堂。

驾校给教练们提出的有一个要求是："积极开发学员的学车兴趣"，但是有些教练却好像处于叛逆期一样，偏偏喜欢抑制学员的积极性，一个个凶神恶煞，大部分新学员开车上路免不了紧张，而且加之是新学，难免出错，本来都是很正常的事情，可是那些教练却不依不饶，非要耍耍教练的威风，声音非要超过汽车发动机的声音，把学员痛骂一通，貌似那些教练天生就有开汽车翻越珠穆朗玛峰的本领。这样一来学员就更容易犯错误了，那些教练们就越骂越起劲，到最后学员已经被骂得头脑糊涂，当然也就免谈什么兴趣了，一上车心就虚了，到最后差点就崩溃了。

6. 记者嘴

好奇心特重，什么事都想打听，对学员的隐私有浓厚的兴趣；或自我吹嘘，自我宣传，言过其实，经不起推敲。

7. 婆婆嘴

这种教练话太多，絮絮叨叨，没完没了，唯恐你不明白，唯恐你记不住，唯恐你做不到位，像一台永不停息、不知疲倦的留声机，却唯独不顾及学员的"耳根子"是否应该清静一会儿，学员上车后的感受就一个字"烦"。这些教练员对教学规律缺乏了解，不知道教学的三个阶段"少讲多练、边讲边练和精讲精练"之间的关系，认为多说多讲一定会使学员进步快，其实往往适得其反，出力不讨好。

8. 刀子嘴

对待学员的缺点不谅解，不宽容，尖酸刻薄，讽刺挖苦，无口德，虽有豆腐心，但出力不讨好！有一位58岁的老学员，是一家医院的主任医师，在当地很受人们尊重，学车时却遇上了一个没有口德的教练，一次动作不到位，教练劈头盖脸地说："就你这样毛手毛脚，慌里慌张，给病人治病，你得治死多少人？"一年以后，面对走访的校领导，老主任还是气不打一处来：教练怎能这样讽刺学员呢？

9. 电报嘴

这种教练架子大，除了发指令之外，几乎总是板着脸不愿多说一句。偶尔说出一句话来，那种又冷又硬的"倔"劲儿，往往能吓人一跳。惜字如金，能省则省，学员学车，不问不说，学员学车，主要靠悟。有一位女学员，遇到问题不敢问教练，原因是每次问，教练都是很不耐烦，不是说："我已经讲过，我不讲第二遍"，就是说："自己体会，自己找感觉"，致使学员不知如何是好，不得不要求换教练。有一名老教练员，5年的执教中从他手里毕业的学员500多名，学员资源相当丰厚。这名教练性格温和，从来不训斥学员，不顶撞领导，也很少违反纪律，他有很多的优点，缺点就一个很少说话，和学员说话从不多说一句，而且不到非说不可之时决不说，当学员的车速快了时，他不是及时地用语言提醒，而是自己踩副制动减速，教学因此受到很大的影响，在学员面前，他没有一点亲和力，几年过去后，他仍然是举目无亲，没有朋友。2007年初，驾校跟这名教练所在的中队签订了以"招生为主、培训为辅"的内部责任书。别的教练大显身手，广泛联系，而李教练和学员没有感情，不知该给谁打电话，硬着头皮打个电话，学员最多也就是应付一下，正所谓"种瓜得瓜，种豆得豆"。在兑现合同时，凡有一年教龄的教练员的月工资基本都在4000元以上，7000元左右的有10人。而这名教练由于没有完成任务只能拿到1000余元的生活费。这名教练心里很不平衡，因此提出了辞职。一个新教练员事后说：是"电报嘴"断送了他的教练员生涯。

10. 乌鸦嘴

怕什么说什么，不是积极鼓励，而是泼凉水，幸灾乐祸，败坏学员的学习情绪。有一位学员，姓石，是某县老龄委的副主任，一车四个学员，就他年龄大，就他有官职。他性格上很要强，上车不久，教练员就说："就你这把手，三个月也学不会"，使他的自信心备受打击。

> **王牌教练员的职业分寸**
>
> - 热情而不失态，坦诚而不粗鲁。
> - 自信而不自大，诚实而不呆板。
> - 谦虚而不虚伪，严格而不严厉。
> - 勤俭而不吝啬，活泼而不轻浮。
> - 坚韧而不固执，果断而不武断。
> - 随和而不迁就，精明而不圆滑。
> - 成熟而不世故，勇敢而不鲁莽。

第二节
怎样正确地运用赞美的艺术

南非有一个古老的小村庄叫巴贝姆村，这个村里保留了一个古老的传统，那就是当有人犯错误或做了对不起别人的事情的时候，这个村里的人对他不是批评或者指责，而是全村人将他团团围住，每个人一定要说出一件这个人做过的好事，或者是他的优点。村子里的每个人都要说，不论男女老幼，也不论时间长短，一直到再也找不出他的一点点优点或者一件好事。犯错的人站在那里，一开始心里忐忑不安，或怀有恐惧、内疚，最后被众人的赞美感动得涕泪交流。众人那真诚的赞美和夸奖，就如一副良药，医治着他的坏念头和坏行为，使他再也不会犯以前犯过的错误。

人生的真谛就是追求幸福避免痛苦，学车的日子有快乐，也有失意。受教练员的赞美和表扬是快乐和幸福的，受到教练员的批评和抨击是痛苦和沮丧的。学员无论职位高低、年龄大小、财富多少、相貌丑俊，在教练员面前，他都是学员，都有渴望得到赞美和鼓励的期盼。在驾校，没有比受到教练员的严厉批评和粗暴斥责更令学员扫兴的事了。同时，学员作为一个消费者，也应该受到驾校的礼遇和教练员的尊重。正确地运用赞美是教练员有效提高教学和服务质量的重要技巧。人人需要赞美，但往往忽视了赞美。

传统的教育中，教练员习惯性地指责、批评、打骂、抱怨，往往产生消极作用，很可能导致学员心理紧张，甚至恐慌，练车更是错上加错，甚至会影响到学员对自己能力的怀疑。从追求教学效果的角度看，现代社会需要赏识教育，它以尊重学生人格为前提，通过表扬、肯定、期待学生的某些闪光点，激发学生内心的潜力、兴趣和动力，从而取得更好的学习效果。

一、赞美学员的作用

1. 赞美是一种积极的期待和鼓励

教练员把自己的信任和期盼通过情感语言和行为传达给学员，使学员变得更加自尊、自爱、自信和自强，投入更高的学习热情。欣赏引导成功，抱怨导致失败。

权威性谎言

罗森塔尔是20世纪美国著名的心理学家，1966年，罗森塔尔和他的助手们做了一项试验，研究教师的期望对学生成绩的影响。

罗森塔尔和助手来到一所小学，声称要进行一个"未来发展趋势测验"，测验结束之后，他以赞赏的口吻将一份"最有发展前途者"的名单交给了校长和相关老师，叮嘱他们务必保密，以免影响试验的正确性。其实，他们撒了一个"权威性谎言"，因为名单上的学生根本就是随机挑选的。

8个月后，奇迹出现了。凡是上了名单的学生，成绩都有了较大的进步，且各方面表现都很优秀。被期望的学生在智商上有了明显的提高，这一点对于智商中等的学生表现得尤为显著，被期望的学生表现出更强的适应能力，更大的魅力，更强的求知欲。

显然，罗森塔尔的"权威性谎言"发生了作用，因为这个谎言对老师产生了暗示，老师们相信专家的结论，相信那些被指定的孩子确有前途，于是对他们寄予了更高的期望，投入了更大的热情，更加信任、鼓励他们。

这份名单左右了老师对学生能力的评价；而老师又将自己的这一心理活动通过自己的情感、语言和行为传染给了学生，使他们强烈地感受到来自老师的关爱和期望，变得更加自尊、自爱、自信、自强，从而使得各方面都得到异乎寻常的进步。这些孩子感受到教师对自己的信任和期望，自信心得到增强，因而比其他学生更努力，进步更快。

学员上车后，教练员可根据学员接受能力的快慢、性格的差异、学习热情的高低等方面，把学员分成几类，分别给予期望。比如对接受能力快的学员，你可以说："你可以成为一个出色的驾驶员，因为你悟性高、车感好，应变能力强。"对于接受能力差但学习热情高的学员，你可以说："你可以成为一个老练、成熟的驾驶员，因为你心态好、遇事不慌，有主见。"对胆小谨慎的学员，你可以说："你能成为一个安全文明的驾驶员，因为你小心、严谨，你谦让，你精力集中。"

2. 赞美是一种兴奋剂

赞美能启发学员的内在动机，激发学员的内在动力，增强学员的自身活力，是一个很好的提高学员学习热情的方法。日本研究人员研究发现赞美和现金奖励激活人们的同一个脑区。定藤规弘博士领导的研究小组，使用一种大脑成像技术——功能性磁共振成像，将19个身体健康的人分为两组进行研究，两组人分别进行游戏，一组对获胜者给予现金奖励，另一组对优秀者给以赞美，结果定腾博士发现：貌似不同的奖赏——好名声和钱的生物密码都是对应同一个神经结构。不仅是在教学管理中，在企业管理中，及时地赞美与表扬在调动员工的积极性上也往往起到比金钱更好的作用。盖洛普咨询公司曾经对全美国范围内的工人进行了广泛调查，发现被调查的工人中竟然有69%的员工认为非货币的褒奖是最好的激励方式。

赞美的价值

一位父亲非常爱自己的孩子，恨铁不成钢，但教育方法不对头，孩子的进步总是达不到自己的期望。

于是，父亲带着孩子去一家知名的心理诊所，孩子已经被他的父亲严重灌输了自己一无是处的观念，对心理医生的询问，孩子总是一言不发，无论任何诱导，他就是不开口。

仓促之间，心理医生无从下手。他的父亲在旁边不停地说："唉，这个孩子一点长处也没有，我看他是没有指望了！"

心理医生不相信世界上会有没有优点的孩子，在和孩子父亲的交谈中，心理医生了解到他家里的东西常常被孩子用刀划伤，因为到处是刀痕，所以常常受到惩罚。心理医生明白了孩子喜欢雕刻。

第二天,心理医生买了一套雕刻工具送给他,还送他一块上等的木料,然后教给他正确的雕刻方法,并不断地鼓励他:"你是我所认识的孩子当中最会雕刻的一位。你具有聪明的天赋,而且还热情勤劳,将来一定会成为一位了不得的艺术家。"

当时,孩子的眼睛湿润了。

从此以后,他们接触频繁起来,心理医生又慢慢地找到孩子其他的一些优点,当然无一例外地给予中肯的赞美。有一天,这个孩子竟然不用别人吩咐,主动打扫了房间。这件事情,让他的家人吓了一大跳。心理医生问:"孩子,你今天表现得很好,你为什么想起来这样做呢?"

孩子回答说:"我想让老师高兴。"

最终,孩子变得健康向上活泼开朗起来。他的父亲也改变了对孩子的不良的影响,改掉了骂"孩子无用"的毛病。10年后,那个孩子成了一位著名艺术家。

美国心理学家威廉·詹姆斯的研究证明:一个没有受过激励的人,仅能发挥其能力的20%~30%;而当他受到激励时,其能力可以发挥80%~90%。对于学员,哪怕是很小的一点点进步,如果及时给予赞许的语言、肯定的评价、真诚的鼓励,就会强化学员的后继行为。最需要赞美的不是那些功成名就的人,而是那些自卑感很强的学员,特别是那些被忽略的自信心不足的学员,他们一旦被真诚地赞美,便精神焕发,信心倍增。

北京丰顺驾校的一位学员拿证后给教练们写了一封信,题目是"除了感谢,我无话可说……"信的最后这样写道:我最想感谢的人——宋立江(之所以不叫你教练,是因为相比教练而言,你更像我的朋友!)。虽然你带我两个小时的时间不算长,但是在这短短的两个小时内,每时每刻我都在被你鼓励,被你夸奖。记不清你说了多少次"真棒""太好了",真觉得自己被你夸得都飞起来一样。我问你是不是丰顺的教练都这么会夸人,你回答说"我说的是事实",正是因为你的鼓励,我开始变得自信!你教给我通过限宽门的方法,让我受益匪浅,你是一个好聪明的人!从你身上散发出的魅力,让我觉得坐在你身边开车是一种幸运。看到有别的学员发帖表扬你,我同样为你高兴!

3. 赞美具有评价功能

赞美使自卑者鼓起勇气,使游移者确定方位,使盲目者找到目标,使软弱者坚定意志,使成熟者强化自信,使学员的偶然行为变成持久的行动。学员对自己的优势、特长(如冷静、细心、果断、善于观察、不懂就问、相互学习等)并不是很清楚,有些优势和特长还在萌芽阶段,教练员一旦发现,给予肯定并反复赞美,就会使学员增长优势、扩大特长,变成内在的素质产生持久的行动,使学员扬长避短。

一次,我到外地一所驾校给教练员讲"沟通的艺术",校长在课后陪我吃饭时说:"如果得不到及时的表扬,人的积极性不仅会受挫,还会出现困惑和迷茫。"接着给我讲了下面这个故事:

一只鸭掌

有一个大老板,很喜欢吃鸭掌,后来他从一家饭店把鸭掌烹饪高手张师傅高薪聘请到自己的公司,自此,大老板自己养了一群鸭子,张师傅每天都变着花样地给他做一对鸭掌,大老板吃得津津有味,很是满意。但是他忽视了给张师傅赞美与评价。

过了一段时间,张师傅很纳闷:老板吃得怎样?还满意吗?怎么也没有一个态度呢!于是,他心态发生了变化,今天少放盐,明天少加油,又做了几天,老板仍然没有动静。张师傅又加大了措施,每天改做一只鸭掌。

一天晚餐后,老板终于沉不住气了,找到张师傅,怒气冲冲地质问:"你不要欺人太甚!鸭掌少油缺盐,我忍了,现在每顿如何变成一只了?"

张师傅说:"是鸭子都成了一只掌了,不信我带你去看看。"

来到鸭群,鸭子都在单掌站立的休息。张师傅指着说:"你看,都是一只掌吧。"老板双手鼓掌,受惊的鸭子纷纷双掌落地。张师傅对老板说:"你要是早给我鼓掌,我还能让你吃少油缺盐的一只掌吗?"

4. 赞美是处理好人际关系的润滑剂

真诚地赞美,不仅是对学员的尊重和评价,也是搞好与学员关系的一笔暂时看不到回报的感情投资。人们在付出必要的努力后,都期望得到别人的赞美,即使成功者、伟人乃至圣人也不例外。

二、赞美学员的方式

1. 当众赞美

每天出车前和出车后的集中讲评,便是教练员当众赞美的最佳时机。尤其是对有共性的问题,大家普遍练不到位的训练项目,有一位学员完成得较好一定要给予表扬,并请他谈一下体会。这不仅对得到表扬的学员是一种积极的强化,对其他学员也是一种引导和潜移默化。

2. 个别赞美

个别赞美是因人施教的体现,也是施展教练员教学魅力的体现。这最能体现教学训练的针对性,对接受能力较差、畏难发愁、自信不足、心理脆弱的学员,更需要及时给予个别赞美。

3. 间接赞美

间接赞美是赞美艺术的最佳方式,往往能起到比当众赞美和个别赞美更好的效果,会给学员以发自肺腑、表里一致的感觉。间接赞美尤其适合对那些有知识、有修养、有地位、有影响力的高层次学员运用,而且赞美的内容可以超出教学训练以外,例如对学识、能力的敬佩等。

赞美运用得好可以使学员成为朋友,从而给驾校以及教练员自己储备资源。当面说的坏话不是坏话,背后说的好话才是好话。

三、赞美学员时应注意的问题

1. 要具体

波什定律:表扬越具体,越能达到鼓励的目的(德国学者罗瑟琳·波什)。世界因不同而丰富多彩,人类因差异而个性纷呈。只有用心而认真地观察对方,才能说出他的优点,越具体,表明你越关注对方,所以说,赞美具体的程度与你关注的深度是密切相关的。你太漂亮了,你真聪明,你真棒——这类缺乏热诚的、笼统空洞的赞美,有点像外交辞令,太程序化,给人以敷衍的感觉,有时甚至有拍马屁之嫌,让人怀疑你的动机不纯,容易引起对方的反感与不满。然而,如果你能详细地说出漂亮在哪里,怎么聪明,哪里让你感觉很棒,那么,赞美的效果将大不同。因为赞美具体化,可视可感,真实存在,对方自然能够由此感受到你的真诚、亲切与可信。每个学员都有闪光点,就看教练员有没有发现的眼睛。评价孩子的一幅画,如果说"很好,像毕加索一样,可参加比赛",不真实,不如"这个天空的颜色很有意思,这个树叶很逼真"。如果表扬学员说"开得很流畅,快赶上舒马赫了",学员肯定认为是讽刺,应该是"不错,今天没有跑方向,今天没有看档位,今天眼睛的余光运用得很好,今天转向灯运用得很适时。"可见,称赞越广泛,它的力量越弱;称赞越具体越有针对性,它就会越有力量。

2. 要及时

观察到学员有好的变化一定要及时赞美,其原因有三点。一是说明你已经注意到了学员的变化,并即时说出了你的感受,证明你工作精力集中,对学员的训练很用心,也很重视这个学员。二是赞美也有"保质期",我们在电视新闻中经常看到这样的报道:每逢一个国家的元首当选时,其他国家都会在第一时间纷纷发去贺电,如果发晚了,时空发生变化,时过境迁,你再赞美就有"黄花菜都凉了"的感觉。学员在路训时,在这个路口上注意观察,减速让行,处置得当,你不能过了几个路口再表扬。三是赞美和行动成正比,赞美越快,进入行动就越早,赞美越有速度效益。尤其是在学车之初,更要及时发现及时表扬,使好的习惯尽早养成。

3. 要慷慨

所谓慷慨一是赞美的分量要足,不短斤缺两,不轻描淡写。每个学员的闪光点不可能很多,至善至美的人在现实生活中很少发现。发现一个闪光点,有一点进步,都要给予充分的肯定,不要把学员的进步看作理所当然,不能平静地对待甚至是冷漠地对待学员的进步,要赞美以起到示范作用。二是教练员要有宽容大度的胸怀,要把每一点进步归功于学员,是学员学得好,而不是自己教得好,最多也是军功章有我的一半,也有你的一半。要感谢学员的帮助和配合。

4. 要适度

赞美过度会给学员产生不真实的感觉。对教练员产生很虚伪、言不由衷、另有所图、不实在的印象,因此,赞美一定要真实、自然、发自内心,真正做到"美酒饮到微醉后,好花看到半开时。"不要为了赞美而赞美,只有形式没有灵魂,像宾馆里迎宾小姐一样,每天千万遍地说:"您好,请走好。"但没有一句带有感情色彩。

好话人人会说,就是各自不同,要想赞美产生良好的效果,就必须更好地提高自身的素质,使赞美建立在深厚的基础上。教练员要把赞美学员列为每天的议事过程,因为赞美本身会造就一种愉快的气氛,赞美给别人带来快乐的时候也会使自己感到愉快,所以久而久之,会形成一个活跃温馨的小环境。

第三节
怎样正确地使用批评的艺术

赞美不是万能的,不能取代批评,没有批评就没有进步,就没有效率。教练员在教学过程中不能没有批评,但批评不是指责,更不是讥讽、嘲弄,而是一种责任、一种艺术。火箭队的主教练就深知个中的奥秘。一次,由于路上塞车,当姚明飞奔跑进训练场时,已经迟到了30分钟,在美国人眼里,这是一个很严重的过失。火箭队的主教练范甘迪把姚明叫到办公室说:"我知道你为什么迟到,但一切都过去了,从现在开始,我要你百分之百地去思考比赛,好吗?"主教练又在赛前会上对大家说:"大家都知道,姚今天迟到了,所以他欠大家一场很好的比赛。"然后,他转向姚明说:"你明白吗?你要打出很好的比赛还给大家。"姚明此时的心中只有一个念头:在赛场上拼吧!结局是这样的,这场比赛,姚明共获得23分和20个篮板,率领火箭队主场86:80战胜了底特律活塞队。正如主教练希望的那样,姚明用他的拼搏换来了队友们对他过失的谅解。

在管理学上有一个"二八定律",促使一个人进步应该给他20%的压力（即批评或惩罚）和80%的动力（即表扬和奖励）。每个学员都会犯错误,哪怕他是学车的天才,教练员的"铅笔"也带有"橡皮擦",那就是为改正错误而准备的。教练员在给学员传授驾驶技术的过程中,为纠正学员的缺点、规范学员的行为、端正学员的态度,就不可避免地使用"批评"这一教学手段。仅靠表扬是不够的,批评和表扬是教学中的一对孪生兄弟,批评是一种消极的强化,表扬是一种积极的强化,目的是一致的。但在现实教学中大部分的教练员不能驾轻就熟地运用批评这一手段,给学员造成了心理上的伤害,给自己制造了工作上的麻烦,给驾校带来了声誉上的影响。

一、教练员使用"批评"存在的问题

1. 滥用批评

把批评学员当成口头禅,当作家常便饭,不分场合、不分地点随意批评,没有节制,不考虑学员的实际情况,不考虑学员的心理感受,还往往振振有词,什么"严是爱,宽是害,严师出高徒"等。加之驾校里缺乏有效的监督考核机制,或者领导重视不够,使得滥用批评的现象愈演愈烈。像"别人都会了,你为什么不会?"的指责几乎每天都在驾校的一些教练员嘴中发出。这种教练员往往自认为经验丰富,有阅历、有资本、恃才自傲;但实际上是还没有从"师傅"的角色中转变过来,脑中没有现代服务意识,不懂教学规律,文化修养也往往不高。面对这种教练员,学员也常常会产生错觉,要想把"凶教练"变成"教练兄",就必须破费破费,意思意思。

2. 不敢用批评

有些驾校在改造教练员的过程中,矫枉过正一味地强调服务至上,把学员当作上帝,当作衣食父母,把学员投诉当作考核教练员的主要指标,使得教练员在批评学员时心有余悸,过分地迁就学员,久而久之使教练员自动地放弃了批评的手段,充当好好先生。

3. 不会用批评

有些教练员有事业心、有责任心,有工作热情,也敢于使用批评。想什么就说什么,不管学员的感觉,像炮筒子一样,但效果往往适得其反,这主要是缺乏工作经验和批评艺术所致。敢不敢使用批评的手段是对教练员责任心的一个考验,能不能正确地使用批评手段是对教练员是否成熟的一个检验。

二、批评的原则

1. 适可而止的原则

一次,美国著名作家马克·吐温到教堂听牧师的募捐演讲。最初,他觉得牧师讲得很好,令人感动,就准备捐出身上所有的钱。过了10分钟后,牧师还没有讲完,他有些不耐烦了,决定只捐一些零钱。又过了10分钟,牧师还没有讲完,他决定一分钱也不捐。

牧师终于结束了冗长的演讲!开始募捐时,马克·吐温由于气愤,不仅未捐钱,相反,还从盘子里拿走了两元钱。

刺激过多、过强或作用的时间过久,都会引起接受者的不耐烦或逆反心理,这就是心理学上的"超限效应"。"超限效应"在我们教学员时经常发生,学员犯错了,教练员就会一次、两次、多次地对学员进行同样的批评,例如:挂错档了、又挂错档了、还是挂错了、你会不会挂档、你还能不能挂对档、档让你给挂坏了……面对同样的批评，学员由内心不安到不耐烦，最后到反感，反感透了会做出一些反抗行为，提出投诉或换教练。

2. "两个一"原则

一是犯一种错误只批评一次。学员犯错是难免的，如果非要批评，不应该简单地重复，要换个角度换个说法，不要让学员感到教练"揪住我不放"。重复的批评和啰唆，不但不能达到教育的效果，有的甚至会适得其反。有这样一个心理学上的游戏：请一个人快速重复"老鼠"这个词十遍，当他刚刚说完第十遍"老鼠"后，如果有人马上提问："猫怕什么？"要求他立即回答，他几乎100%地回答："老鼠"！这个游戏的规则是一要快速重复，二要立即回答。如果双方都能遵守这两条规则，那么答案肯定是"老鼠"。这个游戏表明，当你无度地重复某一件事或某一个概念的时候，你的智力就在重复的过程中不断下降，当你的智力降到低点的时候，你的判断力也下降到了低点，从而造成错误判断。我们上小学的时候都有过这样的经历，老师让我们把写错的字重写一百遍，当我们写完一百遍时，我们自己都不认识这个字了。

二是一次只批评一件事。做到一事一议，千万不能延伸和扩大，不能涉及该学员的其他错误。不能翻箱倒柜把陈年旧账都抖出来，也不要把其他学员的错误一起说，这样会伤及学员的自尊。

3. 容忍的原则

大部分学员从来没有摸过车，对开车一窍不通，对汽车的构造一无所知。因此，在学习过程中出错是难免的，犯一些意想不到的低级错误也是正常的，正是因为不会不懂，所以才来学习。因此，教练员不能对学员过于苛刻，没有必要有错必究，更不能出现学员犯一个错就满脸"阶级斗争"的表情。

学员遗忘是必然的，记住是偶然的，教练员不能因为你教了，学员忘记了，就批评学员，也不能因为别人都会了，只有他不会而批评学员。因为遗忘是必然的，是有规律可循的。德国有一位著名的心理学家，名叫艾宾浩斯，他在1885年发表了他的实验报告，成为发现记忆遗忘规律的第一人。艾宾浩斯在做这个实验的时候是拿自己作为测试对象的，他得出了一些关于记忆的结论。他选用了一些根本没有意义的音节，也就是那些不能拼出单词来的众多字母的组合，经过对自己的测试，得到了一些数据。

时间间隔	记忆量	时间间隔	记忆量
刚刚记忆完毕	100%	1天后	33.7%
20分钟之后	58.2%	2天后	27.8%
1小时之后	44.2%	6天后	25.4%
8~9个小时后	35.8%	1个月后	21.1%

然后，艾宾浩斯又根据这些点描绘出了一条曲线，这就是非常有名的揭示遗忘规律的曲线：艾宾浩斯遗忘曲线（图4-2）。图4-2中竖轴表示学习中记住的知识数量，横轴表示时间（天数），曲线表示记忆量变化的规律。

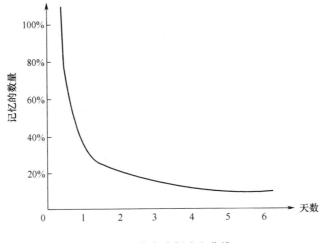

图4-2 艾宾浩斯遗忘曲线

这条曲线告诉人们在学习中的遗忘是有规律的，遗忘的进程不是均衡的，不是固定的一天丢掉几个，转天又丢几个的，而是在记忆的最初阶段遗忘的速度很快，后来就逐渐减慢了，到了相当长的时候后，几乎就不再遗忘了，这就是遗忘的发展规律，即"先快后慢"的原则。观察这条遗忘曲线，你会发现，学的知识在一天后，如不抓紧复习，就只剩下原来的25%。随着时间的推移，遗忘的速度减慢，遗忘的数量也就减少。有人做过一个实验，两组学生学习一段课文，甲组在学习后不久进行一次复习，乙组不予复习，一天后甲组保持98%，乙组保持56%；一周后甲组保持83%，乙组保持33%。乙组的遗忘平均值比甲组高。

4. 对事不对人的原则

批评是针对特定的行为而非批评人，一定要把人和事分开，就事论事，不延伸不联想，不可斥责、讥讽学员。怎样才能将人与事分开呢？还是以挂错档为例，有经验的教练员会这样说：档位与离合的配合是驾驶学习中的难点，挂错档是初学时的一种正常现象，我当年学车时也经常挂错档，挂错档主要是由几种原因造成的，××刚才是属于哪种原因，然后再对××提出具体的要求。南京一所驾校有位学员在完成了理论考试和模拟驾驶后，进行实车练习的第一天便要求退学，原因是教练员在批评他动作不到位时说："你看你还是个干部，还当过兵，这点事都弄不懂，学不会。"校长亲自接待了他，诚恳地向他表示了歉意，之后就此事组织了全校的大讨论。这位教练员在批评和纠正学员的动作中，完全违背了对事不对人的原则，不是进行具体的分析，批评中带有明显的讽刺和挖苦，使学员难以忍受，伤害了学员的尊严。

5. "三看"原则

心理学的研究表明，接受批评最主要的心理障碍，是担心批评伤害自己的面子，损害自己的利益。因此，在批评时一要先看地点，是不是人很多，是不是可以避开其他学员；二看时间，在学车的初期，主要是熟悉学员，了解学员，培养与学员的感情，这时要多表扬少批评，每天训练刚开始时，一般也不要上来就批评学员，给人当头一盆凉水，要先活跃一下气氛，再开始一天的训练；三看人物，对于虚荣心比较强，性格内向，或者心理素质差和信心不足的学员，要特别注意，如果条件不成熟，学员难以接受，宁可暂时放弃或寻找其他方法，也不要轻易批评。

三、批评四步曲

批评只有被学员接受才能有效，不能接受，那将是零或是负数，因此在批评前要打消学员的顾虑，分四步走：

第一步，首先要让学员接受你。

管理心理学有句名言，"如果你想要人们相信你是对的，并按照你的意见行事，那首先就要让人们喜欢你，否则你的尝试就会失败"。也就是要使学员接受你的观点，就要成为一个有魅力的教练员。让学员喜欢你，不是一味地讨好学员，而是要有人格魅力（负责任），要有业务魅力（技术精湛、知识渊博），而这些魅力是通过语言和行为表现出来的。我们在孩提时代，都有过因为喜欢某位老师而喜欢某个课程的经历。其次要让学员接受你，你要先读懂学员。山东临沂交院驾校的鲁校长，是一位从教练员走到校长岗位上的老"驾培"，从教15年，有着丰富的教练经验。他认为批评学员前一定要读懂学员，开学第一天，就要记住学员的名字，这既是对学员的尊重，也是融洽教学关系的开始，之后要尽快地掌握学员的性格、特点等，为减少批评的盲目性打好基础，为正确、合理、及时地指出学员在操作、学习中的问题打好基础。

第二步，必须找出学员的长处进行赞美。

通常情况下，听到别人对我们的赞扬之后，再去听一些令人不快的事，就会比较容易接受。在批评学员前，可以略微给对方一点赞扬，先创造一个轻松和谐的气氛，再展开批评。

诸如"近来进步很快呀""手脚眼综合配合能力大有提高"等，给学员以心理安慰。

第三步，批评要准确。

要深思熟虑，不能似是而非，要分析透彻，晓以利害，要让学员清楚自己到底错在哪里，怎样才能找到正确的方法，要对事不对人，要让学员心服口服。态度还要和蔼，话不重但要有分量。

第四步，表达批评的善意。

批评完后要尽可能地用友善的口吻结束话题，比如，"这都是为了你好""千万不要误解我"等。

除了掌握上述几点步骤外，在批评学员时还要注意两点：

一是要当面批评但不要当众批评。当面说他人的缺点不是说坏话，但背后议论他人的不足，肯定会被当成坏话。因此，批评一定要敲当面锣，不要打背后鼓。当众批评会伤及学员的自尊，只要有条件应尽可能避免。

二是要坚决避免生硬、粗暴不加分析的简单批评，这是批评的红线，我们严格要求学员是指训练标准的严格，而不是教学态度的严厉，这一点要严格区分，不可混淆。

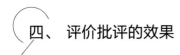

四、评价批评的效果

在批评学员的过程结束后，都要察言观色，看学员的反应，听学员的认识，以形成清晰的判断，是进行了有效沟通达到了预期的目的，还是沟而不通、劳而无功。如果让学员产生出"教练是变相地惩罚我，是跟我过不去，是小题大做，是对人而不是对事"这样的认识和误解的话，那就证明批评彻底失败了。因此要寻找机会进行关系的修复和维护，如仍不能缓和的话，要抓紧向队长报告，尽早请领导介入处置，切不可捂住不说，致使事态进一步恶化。

熟练地使用方向盘、离合器是教练员的基本功，自如地运用"赞美与批评"的手段也是教练员的基本功，但对大部分的教练而言，存在着"一手软一手硬"的问题，克服理论教学水平差，不断提高教练员综合素质是增强驾校竞争力的主要工作。当有一天我们的教练员都能炉火纯青地运用赞美和批评，达到唐朝诗人杜甫在《春夜喜雨》一诗中描绘的"好雨知时节，当春乃发生。随风潜入夜，润物细无声"的境界后，那么驾校的教学、管理、服务水平无疑又有一个大的飞跃。

第五章

招生
修炼

第一节
怎样认识当前驾培市场的形势

忽如一夜春风来，千树万树梨花开。不经意间，人们忽然发现生活的城市中不知何时一下子冒出了众多的驾校，几乎每天都可以从不同的媒体上看到这些驾校的广告。驾校的各种促销手段令人目不暇接。在驾培市场热闹和繁荣的表面下，许多驾校未老先衰的症状已过早地出现，运营良好的，收支持平的，入不敷出的，各占一定比例。只要进入驾培市场就可以赚钱甚至赚大钱的情景已成为过去，今天的市场如何呢？借用一句话概括，就是"挑战与机遇并存，困难与希望同在"。

困难之一——微利时代的挑战

随着世界经济一体化进程的加速，无论是传统产业，还是高科技产业，产品的利润无一例外都在下降。生意越来越难做，是所有人的共识，一夜暴富的行业和项目已不复存在。无论哪个行业，只要利润空间稍大，就必然会导致大量资本短时间内迅速进入，利润空间逐渐缩小，整个经济已进入微利时代。进入微利时代，经营者如何应对？除了赚钱的思路、观念需要及时地进行调整、转变、更新外,还要讲究赚钱的方式方法。英国实业家李奥·贝尔根据自己的经验,结合时代的特点,把微利时代赚钱的要点概括为六字法则,即"预测、差异、创新"。这六字法则是他在微利时代常胖的武器,也是当今打开"微利时代"赚钱之门的金钥匙。

驾培行业亦是如此。当年,驾培行业曾被列为十大暴利行业。而今天,遍地是驾校,为了生存,各驾校在油料、广告、促销上的成本几乎翻番,配套服务、员工工资的成本也大幅上升。为了吸引学员,学费却在大幅下降。在此背景下,粗放式经营只能死路一条。为了适应新形势,培训模式要严格标准,培训周期要严格限期,培训油料要严格限量,要实行规模化经营,在细节上做文章。没有破产的行业,只有破产的企业,驾校精细化管理的时代已经来临。

困难之二——市场竞争的挑战

昨天的驾培市场是暴利市场,今天的驾培市场是放开的、竞争充分而残酷的市场。先是硬件设施的竞争,你有桑塔纳,我有捷达;你有花园式的训练场,我有配套齐全的休息、娱乐、餐饮等生活设施。以建立亚洲最好的驾校为目标的北京东方时尚驾校,训练车是清一色的宝来车,报名大厅、理论教室、后勤设施都是五星级饭店的标准,在此学车完全是一种度假般的享受。再是价格的竞争,你今天回报社会大优惠,他明天针对某一阶层大降价,你今天 C1 是 2000 元,他明天小车 1999 元。有个地方流传着一个笑话,说驾校老板都变成了卖青菜的了,价格一块钱一块钱地降。价格战往往还伴随着广告大战,驾校间是"八仙过海,各显神通",动听的广告词、诱人的许诺出现在各种媒介上,招生代理点遍布在街头巷尾。更有甚者,有媒体报道某市一家比较出名的驾校竟也"屈尊下嫁",在街头的一个修鞋摊上挂出了报名牌子!修鞋摊老板热情地告诉采访的记者,想要报名的话,随时可以在他这里领取报名表。最后是服务的竞争,你班车接送,我上门服务;你不满意就退钱，我先上车后买票。在竞争的舞台上，你方唱罢我登场，内功不硬的、市场定位不准的、经营策略失误的、势单力薄经不起风雨的纷纷落马掉队。竞争是不可回避的，竞争如同逆水行舟不进则退，要想在竞争中立于不败之地，每个驾校都要培养自己的核心竞争力。

在充分而残酷的竞争中，我国驾培市场上也出现了许多不和谐的令业内人士深为忧虑的现象，突出表现在三个方面，一是挂靠培训，把"黑驾校"变成"白驾校"。许多汽车驾驶培训个体户买上一辆或几辆车，找上一家合法驾校挂靠，交上数额不等的管理费，便自招自培，当起了"驾培小老板"。"驾培小老板"由不合法变成了"半合法"自然高兴，"驾培大老板"也沾沾自喜，自以为是用活用足政策，是充分利用资源搞活经营，是无本生意白手拿鱼。殊不知已把自己推上了火山口，一旦"驾培小老板"出现交通事故，"驾培大老板"也跑不了，甚至比"驾培小老板"要承担更多的法律责任，因为学员是你的学员，赔偿你首当其冲，坐牢你无人替代；一旦驾校主管部门查到挂靠的现象，轻则罚款整顿，重则可能吊销驾驶培训许可证。二是车辆外训，把"整驾校"变成"零驾校"。有些驾校面对残酷的市场竞争压力，不是苦练内功，打造自己的核心竞争力，而是走所谓的捷径，把训练车辆卖给或租给教练员。于是教练员便纷纷离开规定的训练场地和路线，各自为战，遍地开花，到处建立自己的根据地，"马路驾校"便由此而生，招生价格、训练质量完全自己说了算。三是超低价招生，把驾驶培训单位变成驾驶中介机构。还有的驾校招生价格低得不能再低，基本上是考试费再加上几百元的所谓管理费，学员报名后基本上不给训练，完全靠学员自练，驾校只负责组织考试。上述现象是危害我国驾培市场的三颗毒瘤，毒瘤不除，我国驾培市场便不能健康发展；毒瘤不除，"马路杀手"还要批量生产。

在充分而残酷的竞争中，有遇着红灯绕道走的，也有铤而走险的。烟台南郊某驾校的工作人员突然发现，一夜过后，停在驾校训练场的 30 辆教练车的50个轮胎被扎破，另有一辆教练车后车牌被撬走，从痕迹上看为多人作案，谁干的？综合分析后，该校校长判断：目前烟台市驾校之间竞争很激烈，扎胎事件有可能是同行所为。

困难之三——行业管理的挑战

行业管理只能服从，不能挑战。道理很简单，行业管理部门代表国家，依据相关的法律政策实施对驾培市场的管理，行业管理是驾培市场健康有序发展的保障，标题中所使用的"挑战"是指有的驾校在严格的行业管理中所表现出的"不适应症"。有的驾校打擦边球打习惯了，一旦进行正规的比赛，反而不会打球了；有的驾校走旁门左道，甚至歪门邪道走多了不愿意走正道；有的驾校为了方便学员扩大招生、为了降低成本增加利润，或多或少地都有些不符合行业管理规定的做法，有的外派车辆，异地培训，到处开花；有的驾校以社会车辆充当教学车辆，灵活运用，扩大培训容量；有的私自办理、伪造体检表、暂住证，甚至还有人私刻考官印章，如此等等，不一而足。监管越来越严厉，市场越来越规范，老办法不让用，新办法不会用，"老革命"遇到了新问题，十分困惑。

面对如此多的困难与挑战，驾校老板们无不感叹，好日子没赶上，赶上的是食之无味弃之可惜的市场。其实不然，事情都是有两面性的，换一个视角看，驾培行业还是一个朝阳行业，还有很大的发展空间，关键是看你怎么做。

机遇之一：赶上了黄金时期

据公安部统计，截至2020年6月，全国机动车保有量达到3.6亿辆，其中汽车保有量达2.7亿辆，占机动车总量的75%，是机动车的主要组成部分。中国汽车市场发展潜力巨大，特别是私人汽车消费，在未来10年将持续高速增长。

衣食住行是消费的永恒主题，在"行"的消费中汽车已经成为主体，我国正在从"自行车王国"向"汽车王国"过渡,汽车驾驶也正在从过去的一种职业技能向现在的人人都必须掌握的一种生存技能过渡,驾校不是一个"夕阳产业"。驾校作为汽车后服务市场的一个环节,在做好驾驶培训的同时,还能够延伸出其他的后续服务,可谓前景广阔。

机遇之二:大家尚处在同一个平面上

自驾培市场允许社会力量进入以来,虽然有些城市的有些驾校,在短短的几年中,便以办学正规、服务优良而脱颖而出,形成了品牌。但就大部分驾校而言,却相差不大,基本上还处在发展的初级阶段,内部管理有待完善,员工素质有待提高,领导结构有待调整;有些驾校尚未完成由作坊式、家族化向公司化的过渡蜕变,无章可循,有章不循,随意管理;还有些驾校虽然硬件设施不错,但是观念落后,人员老化,穿着新鞋走老路。

起点不高,差别不大,实际上就给了大家一个难得的机遇。在此背景下,只要你潜下心,只要你选准了路,拥有正确的发展战略再加上执行力,你就会领先一步,占领市场的制高点,就会步入良性发展的轨道。浪费了资金,浪费了人才,大家感到是一种浪费,但浪费了机遇,大家往往认识不到。

面对机遇与挑战、困难与希望同在的驾培市场,如果你是一个持币观望者,那你一定要保持一份理智与冷静,不要盲目投资入场;如果你已经入场,更应有一份理智的思考,以后的路该怎样走?捷径没有但是可以不走弯路,要想快速地崛起,你就必须做到如下几点。一是要站在巨人的肩膀上。最好的办法就是聘请管理顾问和业内专家,或者是通过合作办学的方式引进管理团队,快速提升自己的管理水平。现在不仅是大鱼吃小鱼的时代,更是快鱼吃慢鱼的时代,一停二看三通过肯定被淘汰。二是要站在竞争的制高点上。当别人卖药的时候,你出售的是健康,当别人卖床时,你出售的是睡眠,你便站到了市场的制高点上。当别人提供的是学驾照的服务,是一种应试的技能教育时，你提供的是一种快乐、安全、人生的挑战与体验，你便站在了驾培市场的制高点上。三是站在市场的领跑线上。要想站在领跑线上，就必须从传统的经营模式中跳出来，开风气之先，吊起消费者的胃口，让同行不得不跟在你后面跑。南京钟山驾校信奉的是："不管一大步、还是一小步，要始终引领驾校行业新脚步"，几年的发展中，他们不断地推出新的经营管理举措，用他们的话说是"八个率先"：率先在南京地区推出桑塔纳训练，轰动石城，同行诧异；率先推出"一人一车一教练"、电脑预约计时训练模式，方便上班一族；率先实行电子模拟训练，引领行业进步；率先自建九项路考仪训练场，保障全面提高训练质量；率先推出超大遮阳棚，避免桩训的日晒雨淋，彰显服务意识；率先推出每小时1趟空调班车，4条线路免费接送，体现增值服务；率先在驾陪行业推行教练员末位淘汰制，保障队伍建设；率先提出并实践"让每个学员都满意""不吸学员一支烟"的服务承诺，铸造行业服务金牌。不断地率先奠定了钟山驾校在南京驾培市场上的领先地位。在南京市驾驶员培训管理处公布的2007年度培训质量信誉驾校名单中，钟山驾校与狮麟驾驶学院等5所驾校被评为AA级，再次充当了领头羊。

面对挑战与机遇，教练员必须要完成职业生涯上的"三级跳"。

面对生源减少、竞争加剧的转型期、洗牌期的市场，驾校教练员面临的挑战加大。作为驾校主体和核心竞争力的教练员，能否完成职业生涯的"三级跳"，不仅关系到其自身的发展和收入，更关系到所在驾校的生死存亡。纵观近20年来驾培市场的变化，教练员的职业能力分为三大步：

第一步是培训好。十几年以前考核教练员的主要指标，甚至是唯一指标是训练培训的能力，也就是合格率。因为那时驾培市场处在短缺经济时期，许多县区只有一所驾校，有的甚至还没有驾校，爆发性的市场使为数不多的驾校学员爆满。驾校是皇帝的女儿不愁嫁，酒好不怕巷子深。那一时期，驾培市场是卖方市场，驾校家家学员爆满，家家学员积压，加之考试名额有限,因此合格率就是硬道理。培训速度就是金钱,不需要教练员招生,驾校分配的学员都忙不过来。那一时期,许多职业驾驶员改行当了教练员,他们要迅速完成从会开车到会教车的转变。这一时期,教练员只要熟悉培训科目、考试流程,合格率高,能让学员尽快地拿到驾驶证就是好教练员。

第二步是服务好。随着驾校盈利模式的凸显,大量的民营资本进入了驾培行业,驾校如雨后春笋遍地而生,驾培市场进入了饱和阶段。此时,学员学车有了挑选的余地,驾校由坐商变成了行商,开始找学员招学员了。驾校会给教练员分配部分学员,教练员自己也要招学员。于是,驾校老板纷纷重视服务了,不仅要让学员顺利学车,还要愉快学车,服务上不能有吃拿卡要、粗暴教学的行为,不仅要给学员基本服务,还要给学员满意服务、超值服务,甚至感动服务,要想学员之所想,急学员之所急,教一个学员交一个朋友,让每位学员都满意。这一时期好教练的标志,除了培训好、合格率高以外,还要服务好。

第三步是招生好。现在,驾培市场培训能力严重过剩,有的县区仅有四五十万人口,就有十几所驾校,僧多粥少,家家"食不果腹",驾培市场早已变成了买方市场。此时,驾校开始八仙过海各显其能地争学员抢学员了,驾校没有学员分配给教练员了,或者只有很少的学员分配给教练员,学员主要靠给教练员自己招了。这一时期的教练员不仅要重责任、善服务、精教学,还要会营销,要以市场为中心,有鲜明的教学服务特色,有造血能力。这一阶段,教练员和驾校的关系要重新定位了,驾校相当于一个剧场的舞台,而教练员是这一舞台上的歌手、舞者,教练员表演得出彩,就会有源源不断的后续观众来买票观看演出,反之则失去票房价值。一个招生不好的教练员,即使合格率高,也会被淘汰出局。

培训好、服务好、招生好的"三好教练""三级跳教练"是时代对驾校教练员的要求。在新的历史时期,每一位驾校教练员都要担负起为社会培养合格的机动车驾驶人的历史责任和时代使命，勇于迎接挑战，与时俱进，不忘初心，砥砺前行，成为一个对社会有贡献、企业离不开、受学员欢迎的教练员。

第二节
怎样利用"关系"招生

关系是指人和人或人和事物之间的某种性质的联系。在社会学上，关系是随着人类社会的诞生而出现的，随着社会发展而发展的。在远古时代，社会成员为了征服自然、获得生存机会而保持一定的协调关系。其特点是关系被无意识地运用来调整相互之间的利益分配。随着社会分工的出现，人们之间的种种联系由于利益而更加持久；随着人们交往活动的增加，关系呈网络状地迅速扩散，使得人类关系平均持续时间下降。

一、关系招生的原则

1. 主动沟通的原则

在关系招生中，教练员应主动地和潜在学员进行接触和联系，相互沟通信息，了解情况，定期或不定期地碰面，主动为学员服务，解答疑问。许多教练员不习惯主动与自己的关系圈中的人员联系沟通，甚至有的已改行担任教练员很长时间了，他的许多朋友亲属还不知道，使许多潜在的学员流失。

2. 承诺信任原则

在关系招生中，要就学员关心的问题在力所能及的情况下主动做出口头承诺，以体现教练员的权威性和专业性，并以自己的行为履行诺言，这样才能赢得学员的信任。譬如，学费的优惠和上车的时间。承诺的实质是一种自信的表现，履行承诺就是将承诺变成行动。这是维护和尊重学员利益的体现，也是获得学员信任的关键。

二、关系招生的形态

关系招生是在与形形色色的人交往之间进行的，归纳起来大体有以下几种：

1. 亲缘关系招生

亲缘关系招生是指靠家庭血缘关系促成的招生。在我国，对私人关系的理解是与传统的关系文化联系在一起的。私人关系在人们的社会生活中发挥着重要作用，这和西方社会大不一样。"打虎亲兄弟、上阵父子兵"，那么为什么不能"一人做教练，全家当代办（招生代办）"呢。亲缘关系的有利方面是：盘根错节，根基深厚，关系稳定，时间长久，容易协调；亲缘关系的不利方面是：范围有一定的局限性。在 2008 年组织的一次淡季招生活动中，来校没多久且平时不显山露水的财务科王科长一举得了"招生状元"，在表彰会上，她深情地说："军功章上有他的一半。"王科长的丈夫是当地一家大型企业的高层管理人员，他在企业内部的电子信息屏上发布了优惠招生的信息，成功组织了三个团队，人数占了王科长招生总数的 80%。

在家庭成员中，不仅大人可以帮助你招生，小孩也可以帮助你招生。有位教练员上小学的儿子活泼好动，很为自己当教练员的爸爸自豪，经常向同学炫耀，经过他的宣传，他同学的爸爸找到这位教练员报了名。

2018 年 3 月 7 日下午，随着嘹亮的"王牌教练员之歌"，河南项城通达驾校"2018年开门红招生竞赛第一阶段总结大会"揭开了序幕。为期40天的竞赛活动时间过半即已完成了全部任务，再发动再动员的目的就是向着超额完成任务的200%进军。在竞赛中涌现出了位站伟等一大批招生服务能手，他们的共同特点是把在"王牌教练员培训营"和"金牌客服培训班"上所学的知识落实在实际工作中，在此次招生竞赛脱颖而出，荣获"学以致用奖"。

位站伟——在堂妹的婚礼上招生6人

我是一名刚来公司不久的新员工，虽然入职不久，但我很有幸地参加了北京新华德御公司所举办的第69期王牌教练员培训营，培训期间我学到了很多关于教学、服务、沟通、驾培文化的知识，让我对教练员这个职业有了重新的认识，让我懂得了教练员不仅是一名教练员，更是一位服务员。在这次招生比赛中，我充分运用在王牌训练营学到的"招生三大法宝"，利用各种关系进行招生，在我堂妹的婚礼上我身穿驾校工作服，佩戴胸牌，每桌发名片，当天就招到了6名学员，这让我信心倍增。在今后的工作中，我会更加努力地学习专业知识全身心地投入服务学员当中去。事实证明："世上无难事，只怕有心人"，只要肯努力，招生没问题。

2. 地缘关系招生

地缘关系招生是指教练员以居所为根据地向四周辐射的招生方式。现在，一个小区有几个职业驾驶员，是不会被人们所关心所熟悉的，但有一个教练员可能会引起许多人的兴趣。因此，在居住地要敢于亮明自己的身份，为周边人员提供学车咨询。卧榻之侧，岂容他人染指，教练员要有捍卫市场如同捍卫领土的意识。

3. 业缘关系招生

业缘关系招生是指因过去的学习工作关系而形成的交际圈，如同学、同事、战友等。由于与他们有相同的经历和共同的文化熏陶，关系较为密切，容易形成一个整体。在业缘关系招生中，要充分利用好各种聚会和庆典活动，要参加，更要交流。要把每次聚会和庆典活动，当作"展览会""订货会"看待。付出的是友谊，是真情，搭起的是桥梁，得到的是机会。

4. 文化习俗关系招生

文化习俗关系招生是指教练员和其他人员之间以共同的文化、信仰、风俗、爱好为基础的招生活动。物以类聚，人以群分，相同的兴趣、爱好、信仰，把不同性别、年龄、背景的人聚集在一起成为朋友，这种群体是没有功利色彩的群体，是一个相对单纯的群体。这个群体中，不同职业的人往往愿意在职权范围内给大家提供方便。有个姓王的驾校中队长，经常带来一些衣着时髦的年轻女性学员来报名，教练员们都用异样眼神看王队长，背后也经常地调侃议论这是怎么回事。真相是这样的：王队长身材较胖，爱好锻炼，健谈而幽默，他经常去健身俱乐部，每到一家健身俱乐部，他都会主动与其他会员交流，并把名片和驾校的宣传册放在俱乐部的前台，熟悉以后，这些健身俱乐部的会员都变成了王队长发展的学员。王队长手下有位教练，爱好唱歌，在业余唱歌爱好者中算是有一定功底的，他把王队长的招生方法继承并发扬光大。每天夜训结束，以往对街头卡拉 OK 不屑一顾的他，经常过去一展歌喉，自然会获得一片掌声，于是他就不失时机地做一个自我介绍，并发放名片，他自己说："卡拉 OK，使我招生 OK。"

5. 偶然的关系招生

偶然的关系招生是指在特定的时间和空间条件下发生的偶然性的机遇形成的一种招生行为。比如，在坐公交车、外出吃饭所遇到的招生机会。生活和工作中到处充满了机会，能够从日复一日的工作生活中发现机会是非常重要的。尽管有些机会不可能带来立竿见影的招生效果，但是我们要放眼长远，抓住"这个机会"本身的价值。要认识到机会就在身边：每个学员都是机会，每次外出都是机会，每个休息日都是机会，每次接送孩子都是机会。在捕捉招生机会中要充分利用好名片、发票、工作牌的作用。只要我们利用好这种偶然的关系，就会出现无心插柳柳成荫的效果，把偶然的相遇变成必然的招生。

（1）名片随处发

乔·吉拉德发名片

被称为"最伟大的推销员"的乔·吉拉德对名片是这样认识的：入道时间长了之后，我摸索出一些经验，只要碰到一个人，我马上会把名片递过去，不管是在街上还是在商店。因为我想生意的机会遍布于每一个细节。"给你个选择：你可以留着这张名片，也可以扔掉它。如果留下，你知道我是干什么的、卖什么的，我的细节你全部掌握。"我常常对别人这样说。我始终认为，推销的要点不是推销产品，而是推销自己。如果你给别人递名片时想"这是很愚蠢、很难堪的事"那怎么能给出去呢？当然也就谈不上成功了。每次去餐厅吃饭，我给的小费都比别人多一点点，同时放上两张名片。因为小费比别人的多，所以人家肯定要看看这个人是做什么的，这个方法会让更多的人知道我。在体育场观看比赛的时候也是推销自己的好时机。有一次在体育场，我利用人们欢呼的时候，把名片用力一撒，顿时，我的名片像天女散花般从天而降，纷纷扬扬，景象极为壮观，惹得人们争相抢看，仿佛我就是此刻最耀眼的体育明星。让我常常感到不可思议的是，有的推销员回到家里，甚至连妻子都不知道他是干什么的。作为一个推销员，只有让更多的人知道你，你才能更快地成功。当越来越多的人看到你的名片后，用不了多久，在你面前便会有成堆的客户了。

有位叫李军的招生主管,把乔·吉拉德的"名片经"洋为中用,在学习中又有了创新。他经过反复琢磨和比较,设计了一种外观很像身份证的名片,印制好后,他把过去的普通名片和新名片撂在超市的地上,经过三个小时的观察发现,不断有好奇之人从地下拾起像身份证的名片察看,有两人将名片装进了口袋。这一发现使他很兴奋,于是随处撂名片成了他的一个习惯,据他统计,最近几个月因撂名片而带来的招生基本上占了他招生量的三分之一。

(2)发票随时开

开发票招生

自从进了驾校工作后,招生工作始终是我工作的重点,因此利用各种机会不失时机地进行市场调查和宣传便成了我的习惯。凡是在消费后,我大都会要求开发票或者收据,不管是公司消费,还是个人消费都是如此,这倒不是出于增加国家税收,或者有利于以后保护自己权益的考虑,而是通过这种方法让开票者知道我的工作单位,而这时许多开票者说不定就会问一句:你们驾校现在学车价格是多少?于是你就有了进一步介绍宣传和留下名片的机会。我把这一方法告诉教练员并得以推广后,收到了很好的效果。一位教练给我说:"我就餐后去开发票,服务员会高看我一眼,认为我是驾校的领导,让我在她学车时给予优惠,哈哈,感觉很好。"有一个星期一的早上,办公室魏主任兴冲冲地来到我办公室说:"昨天我去灌煤气,按你说的去开发票,随后和他们工作人员攀谈起来,拉来三个学员,灌一罐气花了75元,招生提成得了300元,赚了。"

(3)工作牌随身戴

我在驾校当校长时要求教练员在上下班的途中不摘工作牌,在坐公交车时要自觉地给老人、抱孩子的妇女让座。一次让座便是一次企业形象的展示，一次让座便是一次教练员个人素质的显现，一次让座便是一次交谈和宣传招生的机会，渐渐这就成为员工的自觉行动。

第六期"王牌教练员十关培训营"学员，河南新乡新大驾校教练员毛渊明在接待外地来访的驾校同行时，经常津津乐道地谈到自己"吃了一碗馄饨，招了一个学员"的故事。事情是这样的：有一天毛教练到一家早餐馆吃馄饨，同桌一个吃饭的女士对穿着西装，打着领带，带着工作牌的毛教练端详一会儿，笑着说："我以为你是银行的工作人员，没想到驾校的教练员也穿正装，这么正规，我正准备学车，就找你学吧。"当天这个女士就报了名。

一个"准教练"的招生实践给我们的启发

2008年3月1日，我所创立的"王牌教练员十关训练营"在日照市一所驾校开班，参加培训的人员大多未从事过教练员工作，只能称其为"准教练"，他们手头上都没有学员资源。开班半个月之后，结合培训内容，在进行完"招生能力的修炼"的培训后，我们开展了为期10天的一次招生竞赛，竞赛结果是30名"准教练"，总共招生125名，人均4.2名，并列第一名的有三位，各招生12人。在课堂上，我们共同对一名叫金海昌的"准教练"进行了剖析。

金教练，男，32岁，高中毕业，日照市石臼区人，来驾校前曾在当地的一家房地产公司和港务局开车。妻子在当地的"国美商场"工作。

招生具体情况：

亲缘关系招4人：二姐夫，妹妹，妹妹的同学，妹妹同学的同事。

地缘关系招3人：小区超市店主的亲属，小区超市店主亲属的同学，小区超市店主亲属同学的弟弟（此人为当地一所大学的讲师，暑假期间可能有一个超过十人的学车团队）。

业缘关系招生3人：港务局车队同事介绍一人，此人又带两位朋友。

偶然的关系招生2人：随培训班团队上街宣传促销的成果。

金教练尚未正式执教，因此，口碑招生无从谈起，由于他是一个电脑盲，也就无法进行网络招生，但就关系招生，他还有很大的潜力：

亲缘关系中：他有叔伯兄弟9个，20多个有亲缘的社会关系，加之妻子家的20多个亲属当时基本上不知道他当教练员，有些也不知道他的手机号。

业缘关系中：20多个关系较好的同学，原房地产开发公司的30位同事，都还没来得及联系。原港务局车队中的12位同事只有两人联系过。

地缘关系中：所住小区的熟人大约有20多人还没有开发，周边沿街的店铺尚未开发。

经过计算金教练可供开发的关系为130多人。在进行了上述分析后，我又进一步启发他：你结婚时，一共请了多少桌客人，除去老人小孩，除去关系较远或根本没有学车的可能者，除去不好联系或不便者，除去和上述130人交叉者，你回去对照礼单或请柬发放名单，看看还有多少可供关系招生开发的人员。后来他与妻子一起经过认真的核对，说还有60多人，不到70人。由此可见，金教练的关系网近200人。

这200人无疑是金教练执教初期需要重点开发的招生源。当然，这200人中有些人已有驾驶证，但这不等于他家人不学开车；这其中有些人还认识其他驾校的教练员，但这也不等于你一定在和其他教练员竞争中会处于下风。另外，其中还有尚未到学车年龄的中学生，到龄后，也不一定不选择你。只要你有长远观点，保持沟通与联系，建立起较好的口碑，这些关系源还会成倍地扩展，生源就会源源不断。

第三节
怎样运用"口碑"招生

是朱教练给我们插上了腾飞的翅膀

　　我们四人来自三个单位,都已年过半百,驾驶汽车对于从未摸过方向盘的老年人来讲,的确是敢想不敢做的美妙向往。经了解,朱教练综合素质高,教学方法好,年龄再大的学员也能教会。我们慕名而来,直接落在第三中队的朱教练门下。果然不假,仅一个月左右的时间,我们样样科目过关,门门考试及格,竟敢于在夜间较娴熟地驱车于灯光四射、车水马龙的东红路上……

　　一是朱教练的军事化教学方式使我们焕发了青春。学习无论年龄大小,均是学生,学员和教练就是师徒关系。朱教练已年近40,平时态度特别温顺,总是亲切地直呼"大叔、大姨",真叫我们从内心涌出一股股暖流。但在训练中对我们要求非常严格,从起步前检查车辆,驱车中处理各种情况,停车时的操作,都时刻为我们增强安全意识、养成良好的操作习惯,一丝不苟地按规范步骤训练。就连上车开门、系安全带……下车迈步、关闭车门等细节,也作为正规训练内容。每当早上,我们在车右灯前站成一排、上车报告、听候指令时,真觉得自己像一名解放军战士,一下子年轻了20岁,增添了青春的活力……

　　二是朱教练的敬业精神鼓足了我们驾车的勇气。朱教练对工作兢兢业业,对技术精益求精。他早上每天约7点上班,带上午、下午、晚班三个班次,一天工作约14个小时也不喊累,天天表现得生龙活虎,时时充满着工作热情。尽管我们四人轮流班次训练，却也感觉身体疲惫，尤其是在训练"倒桩、移库"科目时，累得腰酸背痛也操作不好，有的学员则出现了"打退堂鼓"的念头。这时，朱教练认真分析讲解了车速与方向盘的转动度数、车位点与桩的相关关系，采用现场操练和画图讲解相结合的教学方法，较系统地总结出了倒桩、移库的操作要领，终于使我们榆木疙瘩般的脑子开了窍。按朱教练的话说"世上无难事，只要动脑筋""要树立自信心，别人不会的我要会，别人会的我要精"。朱教练娴熟的驾车技术、孜孜不倦的敬业精神、精益求精的工作态度，为我们消除了畏难发愁情绪，提高了驾驭车辆战胜困难的勇气⋯⋯

三是朱教练的廉洁作风感化我们虚心好学。朱教练除了采用军事化的方式训练我们外，还从生活作风上严格要求自己，示范带动每一个学员。每当课间休息时，他总是迅速搬出"马扎子"让我们休息，提出自备的大暖水瓶逐一给我们倒水，并趁机把车里车外打扫得干干净净。按照他的要求，车内要保持空气清新，无烟酒、汗臭等任何异味，为我们学车提供了舒适的环境。我们看到朱教练那么辛苦，那么体贴关照老同志，多次打心眼里想请他吃顿饭表示感谢，却一一被拒绝，"谢谢你们的好意，我不能违反纪律。不必客气，我这样做是应该的"。就连让他吃块糖，甚至尝尝袖珍的西红柿也遭到婉言谢绝。所有这些，我们看在眼里，暖在心里，十分敬佩地、发自内心地称他为"老师！"⋯⋯

四是朱教练不厌其烦的态度使我们学业有成。唉！岁数不饶人哪！年轻人可能体会不到，年逾花甲的人初摸方向盘的时候，心情既激动又害怕。练倒桩时紧张的程度还差些，一上道路训练，尤其是在车流如梭的情况下，紧张得心脏直往外蹦，双手像两把钢钳一样死死地卡住方向盘，僵硬的两脚分不清哪是油门、离合，哪是制动，老是手忙脚乱、挂错档位、熄火、忘记打转向灯，离合和油门不配合，啊！浑身冒汗。一次、两次、三次，反复多次记不住……一天、两天，反复多天还是操作不好……朱教练不急不烦，总是耐着性子，手把手地给我们示范、训练。为了缓解紧张情绪，朱教练还风趣地说"嘀嗒、嘀嗒、下雨了！"大晴天我还以为真的下雨了呢，噢！是忘记关闭转向灯了。随后，朱教练又郑重其事地说："要记住，变更车道如不开、闭转向灯或行车压线，都有想杀人之嫌。"啊？这么重要啊！我们把朱老师的话记在心里，落实在行动上，小心谨慎地对待每一项操作。

为了让我们加深记忆，朱教练把每项科目都形象地编成顺口溜，如起步：踩离合，把一档挂，打左转灯，鸣喇叭，观看后视镜松手刹，缓抬离合把油加……渐渐地，我们从生疏到熟练，由浑身紧张到轻松自如……驾车的那种激动心情、人生的那种幸福与欢乐、驯服车辆的那种成就感、自豪感……都体现出来了。啊！我们感觉真像"插上了翅膀，在蓝天白云下飞翔"一般！

我们毕业了！我们的老师是第三中队的朱教练，我们之间结下了深厚的友谊，我们真不愿毕业，真不愿离开朱老师！……驾校有这样的教练将如虎添翼，像巨大的航母一样率领一批又一批的"飞行器"，遍布在祖国大地，奔驰于大江南北……

           ××市侨联 单××
           ××师范大学 黄××
           ××师范大学 刘××
           ××市林业局 田××
           二〇〇七年四月二十六日

  学员获取驾校的信息与其他消费者获取产品信息的渠道一样，主要有两种：一是企业在各类大众媒体做的广告、在商场和展览会做的展示、在驾校搞的试学试驾活动；二是通过朋友或他人口头的介绍和推荐。美国社会学家、心理学家、传播学者拉扎斯菲尔德的"多极传播理论"告诉我们，受众彼此间的影响往往大于大众传播媒体的影响。中国人民大学舆论研究所的一项调查也证明，现代人对媒体的态度发生了很大的变化，人们对媒体的权威性已经产生了怀疑。在激烈的市场竞争时代，传播过度是当前产品宣传的普遍现象。每天，面对各类广告铺天盖地、狂轰滥炸，消费者已经麻木，甚至感到厌烦，消费者躲之唯恐不及。加之现在许多广告传播虚假信息，或者诱导误导消费者，伤害了消费者对广告的信任，从而降低了产品在消费者心中的可信度，现在谁还会去相信企业"一厢情愿"式的自吹自擂呢？广告上说得好，不一定是真好，关键看实质，看说的和做的是否一致。

口碑营销，号称"零号传媒"，被现代营销人员视为具有"病毒"特点的营销模式，是当今世界最廉价的信息传播方式，也是可信度最高、最强势的宣传媒介。口碑的巨大可信性、促销力，已经使"信息传播，口碑第一"几乎成为一句真理。所谓"口碑招生"就是以学员的满意为基础，通过学员的宣传和介绍，以现身说法和示范效应，给驾校介绍学员的一种招生方法。口碑招生是驾校招生的最主要方法。

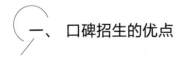

一、口碑招生的优点

1. 成功率高

从本质上讲，"口碑"是一种广告，但与其他商业广告相比，它具有与众不同的亲和力和感染力。商业广告只能引起消费者的兴趣，并不能真正促成购买行为，消费者会仔细和其他商品作比较。但如果有亲戚朋友极力推荐某一品牌，消费者心中的疑惑会烟消云散，充分信任该商品，购买行为能轻易促成。特别是在农村,由于地域和活动空间的限制,消费习惯大都受左邻右舍的口碑影响。2007年10月,我专门召集了20名农村的学员开了个座谈会,并做了随机的市场调查:20名学员全部没有看报纸的习惯;16人常年在外打工,打工厌倦了,想学车改行;16人是老学员介绍来的,3人是听从父母的安排,只有一个人是看到宣传单页而来报名的。

口碑传播的方式往往是一对一进行的,老学员可以针对准学员所关心的问题,有针对性选择性地介绍和解答,形成良好的沟通效果。一项调查表明:1个满意客户会引发8笔潜在的买卖,其中,至少可以有1笔成交;1个不满意的顾客,足以影响25个顾客的购买意愿。据统计,口碑好的驾校89%的学员是老学员介绍来的。

2. 可信度高

由于人们对广告的不信任,投很多钱做广告难达效果,口碑传播从本质上说虽然也是一种广告形式,但是与其他广告不同,因为作为传播者的老学员与准学员间总是存在着某种联系,具有与众不同的亲和力和感染力,加上亲身体验,容易引起消费者的共鸣,其可信度是不容置疑的。朋友向朋友推销时,不需要使用销售技巧。当你约一个朋友出来或是请他帮个忙时,你用不着技巧,直接要求就是了。"让大家告诉大家"胜过"让你告诉大家"。

3. 成本低

口碑招生,不用投入专门的人力物力,运用的是人际关系传播,不需要太多的成本,不用花费广告费,一个优秀的教练员就是一个活广告。成本低,不是没有成本,客户关系需要维持,"口碑效应"也需要维持,而"维持"除了要投入时间和感情外,还要投入适当的费用。2007年感恩节前,我所在驾校编写了一本《用车宝典》,印刷了10000册,赠送给已经毕业的老学员，当学员看到久违的教练员给自己送书来了，十分激动，一直感谢驾校和教练想着他，当月招生量比2006年同期提高26%。

4. 速度快

口碑以原子裂变的方式传播，就像一个核反应堆，可以自我繁殖，利用得好，传播速度快得惊人。

5. 悄悄地进行

驾校间的竞争已十分激烈，好的管理和营销模式被相互学习借鉴。口碑招生，可以避开广告大战，避开竞争对手的锋芒。让竞争对手在摸不着头脑的情况下，我们就占了市场的制高点。

二、口碑招生的主体

口碑招生的主体是教练员。形成好的口碑还是坏的口碑，除了驾校的原因外，主要是取决于教练员。因此，教练员教学水平的高低，服务态度的优劣，职业道德的好坏，均关系到口碑效应的结果。如果学员在教练员那得到的是满意的服务，甚至是超值的服务，如果和教练员有了一定的感情，成为朋友，学员就会成为驾校口碑招生的传播者，并且会无偿的、义务的、长期的传播。

反之，如果教练员吃拿卡要、粗暴教学，就会产生负面的口碑效应，"好事不出门，坏事传万里"，学员就会宣泄自己的不满情绪，报复性地提醒他人不要上当受骗，以免重蹈覆辙，这就会砸驾校的牌子。这就是所谓的"成也萧何，败也萧何"。因此，提高教练员的综合素质，打造一支王牌教练员队伍，是形成驾校核心竞争力的关键所在。

正面口碑效应的案例

有一些憨厚，但很可爱；有常人一样的缺点，但却有着常人没有的信念和执着。这就是在我看来最能体现朱义全教练特点的一句总结。

——某学员

致赵教练："轻松学车，快乐生活"，这不但是驾校的一句口号，也是赵教练带给我们的学车体验。他那严谨的教学思路，严格的教学纪律，风趣的教学语言，最最关键的是精湛的教学技术，将是我们驾车生涯中受用不尽的知识和财富。在这里，特别祝愿赵教练好人一生平安，同时感谢驾校本着对学员负责的态度培养出这样优秀的教练！我不是您最出色的学生，而您却是我最尊敬的老师。

——网友：多大事

负面口碑效应的案例

小谈我在某某驾校学车的感受。我是2006年2月在某某驾校报的名，当时说最多3个月拿证，现在7月19日了，我还没考场地，我们车上还有17个去年的学员，平时教练也不让去练车，去练车就是去擦车。中午还要请教练吃饭，天热了，教练喜欢喝个"激活""脉动"什么的，3瓶不够，有事没事就得凑钱买车上用品（坐垫等）。我想说的是："没有金刚钻，还要开驾校。"我们车上70多人都没拿到证。在我的大力宣传下，已经成功地把4个要去某某驾校的学员给弄到了另外一个有实力的驾校去了，我会免费给某某驾校做代言的，一直到它被兼并，某某驾校里的教练简直就是"皇帝"，早饭要管，午饭要管，晚上还要去唱歌……

驾校教练员的五项修炼

三、驾校应当怎样制造口碑效应

1. 口碑招生从"形象工程"开始

教练员是一个需要与不同年龄、职业、性别、背景的人打交道的职业，让形形色色的人对自己产生信赖感，不仅需要扎实的专业技术素养，还需要良好的外在形象。一个人的内在价值、个性行为等固然重要，但别人要经过长时间的交往才能判断，最直接最迅速给人留下印象的，就是一个人的外表形象。正所谓：人要衣装，佛要金装。人际关系专家普遍认为：只有良好的第一印象才能够吸引到广泛的人脉。

心理学家做过一个试验：分别让一位戴金丝边眼镜、手持文件夹的青年学者，一位打扮入时的漂亮女郎，一位挎着菜篮子、脸色疲惫的中年妇女，一位留着怪异头发、穿着邋遢的男青年在公路边搭车，结果显示，漂亮女郎、青年学者的搭车成功率很高，中年妇女稍微困难一些，那个男青年就很难搭到车。

其实，这无可厚非，任何一个人与陌生人初次见面时，因为是萍水相逢，互相并不了解，而首先映入眼帘的便是彼此的外在形象。

这个故事说明：不同的仪表代表了不同的人，随之就会有不同的际遇。这不仅仅是以貌取人的问题。大家都了解第一印象的重要性，而研究发现，50%以上的第一印象是由你的外表造成的。你的外表是否清爽整齐，是让身边的人决定你是否可信的重要条件，也是别人决定如何对待你的首要条件。

教练员招生多与少、难与易除了与驾校的品牌、自己的执教口碑、招生价格有关以外，其外在形象也是一个重要的因素。马克·吐温说过："服装打造了一个人，然而不修边幅的人在社会上是没有任何影响力的。"

由此可见，着装的重要性。许多品牌驾校非常重视教练员的外在形象，不仅在职业装的选购上舍得花钱，而且还在设计上非常用心。四川绵阳圣水、绵州驾校的教练员无论是夏季的白衬衣，还是春秋的西服都很好地衬托出一个技能型老师的外在气质，尤其是冬季的蓝色呢子大衣更是给训练场增加了亮色。来到这两所驾校第一印象就是：这些教练员都是"正规军"！信任感油然而生。

在当今竞争惨烈的驾培市场上，教练员不仅有训练任务，要保证学员能拿到驾照，能安全文明地开好车，而且还有招生任务，自己要有"造血"能力，不能等米下锅。教练员一定要想好一件事：你卖的是驾照，还是自己？

销售领域一个最大的误区就是许多业务人员以为他们卖的是产品，其实，真正的推销不是推销产品，而是自己。同样顾客买的也不是你的产品，而是你的服务精神和态度。你是世界上独一无二的产品。顾客喜欢你的为人、你的个性、你的风格，才会购买你的产品。顾客买的是一种感觉，而这种感觉是你带给顾客的。

推销产品之前，先创建自己无可替代的优秀形象以及人与人之间的信赖感。再好的产品也需要包装，也要讲究品相。农民卖青菜要摘掉黄叶子，撒上点清水，给人以新鲜干净的感觉，品相不好会直接影响到销售。

2017年5月，我第二次来到东莞东众驾校举办"王牌教练员培训营"。在古校长的办公室遇到一位穿着短裤、拖鞋的教练员，正在犹豫是否参训，于是有了下面这段谈话：

教练问："听说上一期参训的谢勇忠教练变化很大，现在只招VIP班的学员（VIP班学费8000元，普通班4000元），不到半年已招收了40多名，这是真的吗？"

古校长说："我说了你可能不信，这是王牌教练员培训营的南老师，他一直关心着谢教练的成长,你让他说吧。"

我没有正面回答,我说:"咱们做个试验好吗?我们现在随便从训练场叫过四个学员来,把谢教练也叫过来,给学员说他们的教练员要脱产学习,你们从这两位教练员中选一位继续练车,你认为会有几个学员选择你呢?"

这位教练员沉默了一会,随即决定参加本期"王牌教练员培训营"。

谢勇忠教练参加了王牌教练员培训营后,可以说发生了脱胎换骨的变化,一改过去工作生活化的随意穿戴,杜绝低俗化的玩笑和不拘小节的行为,从服饰着装,到言谈举止,再到网络形象,都按着技能型的老师来刻意打造,与其他教练员形成了鲜明的对比,谢教练认为,卖自己是一种魅力推销,魅力推销要做到内外一致性。

无论你的教龄有多长,也不管你的合格率有多高,一个衣着邋遢、行为粗俗,与"老师范"反差巨大的形象都是你招生的硬伤。

2. 有特色才有口碑效应

较高的合格率、过硬的训练质量、优良的服务意识、独特的经营方式、快捷的培训速度都可以成为此驾校区别于彼驾校的特色;精湛的技术、渊博的知识、负责的精神、和蔼的态度可成为此教练区别于彼教练的特色。没有特色就没有亮点,没有亮点即为平庸,而平庸是没有口碑可言的。

特色一:耐心和蔼

> 我是河南项城市通达驾校小车科目二的一名教练员,我叫李述波,来自山东潍坊,在当地没有多少关系,在通达驾校工作一年整。我参加了全国第69期"王牌教练员培训营",在"招生修炼"的课程中,我记住了老师曾经讲过的两句话:服务就是招生,服务就是广告;只为成功找方法,

不为失败找借口！今天我很骄傲地给老师汇报：我做到了！我招生的主要方法是口碑招生。我曾经带过一个接受能力稍微慢一点的女学员，这个女学员因为自己接受得比较慢，曾经提出要退学，我就给她做思想工作。因为怯场，她第一次没有考过，等她再来驾校找我的时候，我再一次拿她当新学员对待，耐心讲解，终于第二次考过科目二。也许是这名学员心怀感恩，就把自己的姐姐、侄女、外甥拉到通达来找我报名！在驾校的"开门红"活动中，这个女学员竟然给我带来了5个报名的学员。

我曾经带过一个年龄稍微大一点的学员，学得慢，忘得快，我耐心细致地随车指导，一遍学不会就讲两遍三遍，由于这个学员的家庭问题和工作原因，练车的时间也不稳定，我经常为她加班！自从这名学员拿下科目二考试以后主动带来5名学员，年龄都跟这个学员差不多，这就是信任！

特色二：幽默豁达

教练50多岁，胖胖的，一副慈祥的模样，但教起车来一点都不马虎，我最欣赏的是，他无论怎么累，每一次都是非常认真，而且很负责任，最难得的是，他会用很多幽默的笑话来纠正你的错误，让你大笑一通。例如，你把车开快了，他就说你"开飞机啊"，还有很多名词"办野太郎""明日之星"等。他总是说个不停，但在他的话语中，让你爆笑之余，总能领会到一些内涵。因此，我很喜欢去学车，我没有把这个当作一种任务或额外的付出，我很享受跟教练在一起，手握着方向盘，听他唠叨的那些时刻。

特色三：敬业负责

郝文军是河北石家庄蓝天驾校教练员，做教练员前是出租车驾驶员。2013年12月29日至2014年1月9日，郝文军参加了由北京新华德御举办的第30期"王牌教练员培训营"。培训期间，郝文军学习热情很高，思想观念有很大的转变，立志做一名优秀的教练员。上岗后，全身心地投入到工作中，努力转换职业角色，受到学员的一致好评。在石家庄实行预约培训新模式后，针对新的变化，他积极探索新的教学方法，他随身携带的微型车模、教学模板和培训记录，被学员亲切地称为"郝教练的三件宝"。预约培训造成学员不固定，约自己车的学员学时有长有短。但不管学时长短，次数多少，只要上了郝教练的车，郝教练都会对学员的培训情况进行记录，下次学员再约自己车时，郝教练就会心中有数，训练的针对性强。面对教练员和学员下车观察就会导致学时作废的情况，郝教练把训练课目做成模板，加上车模，在车上就可以直观地演示，使学员一目了然，有效地提高了训练效率。郝教练认为：学员能上自己的车，这是一种缘分，能再次上自己的车，这是一种认同，能在有限的时间内服务好每位学员，这是一种挑战。我要珍惜这一缘分，感恩这一认同，迎接这一挑战，成为一名名副其实的"王牌教练员"。

特色四：廉洁朴实

我和别的学员不一样，都已年过半百了，驾驶汽车对于我这个从未摸过方向盘的人来说很难，但我却在驾校结识了一个好教练——朱教练。朱教练除了采用军事化的方式训练外，还从生活作风上严格要求自己，示范

> 带动每一位学员。每当课间休息时,他总是迅速搬出"马扎子"让我们休息,并趁机把车内车外打扫得干干净净。我们看到朱教练那么辛苦,那么体贴关照老同志,真是看在眼里,暖在心里,十分敬佩他,发自内心地称他为"老师"!

2008年,杭州市运管处从全市4336名教练员中推荐了20位作为评选"十佳教练员"的候选人。从他们的事迹材料的题目中,可以看出他们各具特色,比如:爱车如命的"小气鬼"——蒋有忠,不断创新的"领头雁"——戴棉发,文明驾驶的"方向盘"——滕培丰,崇尚个性教学的"时尚"教练——李坚敏,勤勤恳恳的"多面手"——陈云飞,栉风沐雨为学员的老黄牛——幸世平,严于律己的"心理师"——韩阿羊,虚心好学的人师——丁华强,默默耕耘的"老黄牛"——阙永平,想学员所想的典范——唐祝孝。其中,杭州汽车技工学校机动车驾驶员培训中心唐祝孝,不仅当年被评为"十佳教练员",第二年还成为杭州市唯一的"四星级教练员"。唐教练总是从学员的角度替他们着想,合理安排学员的训练时间,在所带的学员中留下了很好的口碑。他凭着真诚的态度和优质的服务吸引着一批又一批的学员,其中有一个在当地做水泥包工生意的严先生,在自己拿到驾照后,把自己一个家族的人都介绍来,先后推荐了17位亲属找唐教练学车。

3. 超值服务才有口碑效应

有一个出租车驾驶员,在开车之余,为乘客提供各种温馨的额外服务,让客人点播音乐,给客人准备报纸地图等,不仅赢得了客人的赞誉,更赢得了大量的回头客。我们有位姓路的教练员,平时在教练车的储物箱里总是放着一些感冒药、"一贴好"、风油精等常备药。一次,一位外地学员在练倒桩时因感冒而恶心,路教练先是拿出备用药按说明给他吃上,在训练结束后又带他到医院查看。从那以后,这个在小商品批发市场上做生意的学员,陆续地把他几乎所有的没学车的朋友都介绍来了。人心换人心，四两换半斤，一般付出只能换来一般印象，超值服务才能获得意想不到的回报。无论你的资历深浅、水平高低，要想给学员留下好的口碑，只有一条，那就是付出，超值的付出。

朱教练2007年以来的招生情况

2007年度，我共计招生216人，其中在9月的"庆祝建校五周年招生会战"活动中招生78人，约占总数的36.11%。在全年的招生中，亲戚介绍的有26人，约占总数的12%；同学朋友介绍的有62人，约占总数的28.7%；学员介绍的128人，约占总数的59.3%。

全年的招生中约有60人要求上我的车训练，但由于受学校统一安排，只有十几人上了我的车训练。其中，有田老师等四名学员为表达感激之情，写了一篇题为《是朱教练给我们插上了腾飞的翅膀》的文章。在训练中，我一直称呼他们大叔、大姨，他们毕业至今还经常打来电话问我好，并一直支持、关注我的工作，给我介绍了十名学员。其中，有两名学员表示将来买了新车，他们会找我办理交强险业务。

在9月的招生活动中，有两名学员以要求上我的车为报名条件，经南总的批示允许上我的车后才报名。毕业后，这两名学员先后为我介绍了三名学员，两个保险业务。

2008年初，我给自己定的招生目标是120人，截至5月27日已报名83人，已完成全年目标的69%。我将力争全年突破150人。

第四节
怎样使用"网络"招生

当今的商战中,尤其是驾校的招生大战中,网络战的作用愈发突出的重要。截至 2020 年 6 月,中国网民规模达 9.4 亿,相当于全球网民的 1/5,手机网民占比达 9.2%,线下手机支付习惯已形成。另据统计,82.2% 的网民通过搜索引擎找到了自己所需的信息。

在取得驾照的人员中,35 岁及以下学员占到了 41%,成为考驾照的主流群体,这一群体对移动互联网接受度和使用度很高。移动互联网用户中,71% 的用户在 30 岁以下,其中 24 岁以下用户占 32%,年轻化趋势明显。

由此可见,在未来的现代化商战中,没有网络战的强力支援,要想取胜是不可能的,谁占领了手机屏幕,谁就占领了消费者的心。

一、网络招生的准备

能看见你微信朋友圈信息的,大都是你的朋友,或者是朋友的好友,总之是有缘分的。不管认识还是不认识,相比于利用其他招生营销推广渠道来说,这是属于你的一亩三分地。既是你的宣传阵地,也是你的财富阵地,你占有独特的先机权,有充分的话语权。想要通过朋友圈做驾校的招生营销,首先要塑造好教练员个人品牌,也就是先推销自己,再宣传产品,这样会增加好友信任感。在刷广告发软文之前,要包装一下自己,把自己专业的形象展示出来,让人感觉你是真实可信的。

2019年2月26日,第82期"王牌教练员培训营"在河南辉县豫北驾校举办,来自河南、山东、广东3个省5所驾校的62位教练员参加了培训。在最后一天的"招生修炼"的课堂上,对教练员微信的使用情况进行了一次课堂调查,从调查的情况看,教练员在微信形象的包装展示上存有很多的缺陷,调查结果如下:

不是自己头像43人,约占70%;

名字不真实16人,约占26%;

地区不一致5人,约占8%;

没有签名24人,约占39%;

签名和驾培没有关系人22人,约占35%。

1. 头像

最经典的头像是真实、清楚的本人头像,最好要能体现出你的专业风范,画面与表情能够表现出你的严谨、热情、专心等,总之要颠覆人们对教练员的传统印象。因此,要请摄影技术好的学员、同事,或者专业人士给你拍一组工作写真,从中选出最佳的一张,这就是你的明信片,也是你的商标。这样的头像会让潜在的学员一看到就能产生认同感——这就是我心目中值得信赖的教练员。

东莞东众驾校教练员谢勇忠,过去微信的头像是戴着墨镜、叼着烟,还带着一枚大大的金戒指的头像,给人的感觉像"黑社会"。这样的形象,大部分准学员,尤其是女学员能不拒你千里之外?参加了王牌教练员培训营后,谢勇忠教练发生了脱胎换骨的变化,微信头像换成了在军徽和第61期"王牌教练员培训营"标语的背景衬托下,身穿迷彩服敬礼的头像。他的形象加上专注、刚毅的眼神,一个负责任、有担当、可信赖的形象呼之欲出,新形象给谢教练带来了新气象。

另外，微信头像一定要避免没有头像、动画头像，或者头像人物模糊、人物很小。头像一旦确定就不要轻易更换，更换了头像就像更换了商标，还要让人从头来熟悉你、接受你，换头像会损失很多粉丝。

2. 名字

名字要真实，不要用虚拟的文学作品上的名字，或者网络名字，更不要用一些稀奇古怪搞笑的名字，你连真实的名字都不敢告诉大家，怎能取得大家的信任，让学员下单。名字前面也可以加一些定语，例如，你的驾校名称。东莞东众驾校谢勇忠在名字前面就加上了"全国王牌教练员"的字样，配合头像，学员看到了就知道他参加过"王牌教练员培训营"，马上就会感觉到这是一个有"含金量"的教练员。有的教练员喜欢在自己的名字前加上一个或多个"A"，目的是在好友的通信录上排列在前面，这其实这样会让好友反感，往往会弄巧成拙，也可能因此会被好友删除。

3. 签名

个性签名往往会被大家忽略。据第 82 期"王牌教练员培训营"的调查显示，教练员中没有签名的占 38%，签名与驾培无关的占了 36%。剩下 24% 的签名与驾培有关，但也都很平淡，要么是"学车请找我，一人一车，专业指导，快速拿证"，要么是"专业驾驶教练，电话……"，其实这都是资源的浪费。

个性签名里可以说明你是做什么的，或者你的优势是什么。个性签名就是我们自己的广告语，它能体现我们的价值观和理念，如果说头像和名字展现的是我们的外表，那么个性签名就是通向我们内心的窗口，所以不要忽略了个性签名这个重要窗口。

个性签名一定要有个性，要突出你是特定的那一个，切记宣传的意味别太重，能介绍出自己的个性和特点就好。重庆涪陵揽达驾校有位年轻的教练员叫戴三思，我给他设计的个性签名是这样的：学车选驾校选教练要三思而后行。下列王牌教练员岗位格言就很适合作为签名：

常修为师之德，常思学员之需，常怀律己之心。

雷锋是我榜样，我是雷锋同行。

吃拿卡要莫入此门，粗暴教学另寻他路。

从服务中体现价值，从服务中得到成长，从服务中累积人脉，从服务中获得财富，从服务中寻找快乐。

服务只有起点，满意没有终点。

学员是照顾了我们并且需要我们照顾的人。

用欣赏的眼光看待学员，用宽容的心态对待学员。

"教"的是学员，"炼"的是自己。

以服务学员为荣，以敷衍学员为耻。

教一个学员，交一个朋友。

4. 地址

地址位置可以说是黄金广告位，不要忽略，没有比这更好的广告位了，字数能写不少，还可以写上联系电话，关键是不占地方，每一条微信都可以是一条广告，因此一定要好好利用。地址要和自己的城市相一致，好多教练员，明明是南京的，地址却写的是北京，有的更写成了外国的地址，谁会千里迢迢地到外地甚至是国外找你学车呢。

二、网络招生的内容

每个教练员都有至少一部手机，都有微博、微信、QQ、快手、抖音这些网络工具，这就是我们的自媒体。每位教练员就是集采编播为一体的多频道的台长。如果我们制作的节目内容精彩，阅读量就高，粉丝量就多，学车咨询的、报名的就会随之而增长。但是大部分教练员网络招生没有达到预期的效果，首要的问题出在内容上，主要表现在两个方面：

一是内容杂乱，重点不突出。由于教练员的爱好不一样，关注点不同，电台的内容也不一样。有的是教育台，成天发的不是励志的故事，就是心灵的鸡汤；有的是生活台，衣食住行成为压倒性的内容；有的是政治台，圈子里转载的都是国内、国际热点问题；有的是综合台，像一个杂货铺，油盐酱醋茶什么都有。这些内容都很好，但没能突出我们的专业，没有展现我们的形象，肯定也就带动不了招生。二是硬广告太多反复轰炸。很多的教练员很重视网络营销，但用心不够，内容单一，每天都很执着地发招生广告，而且是相同的内容反复多次发，这很容易引起网友的反感，不是进行"冷处理"——不看他的朋友圈，就是进行"热处理"——删除。

每天网络上产生的信息多如牛毛，在这信息的海洋中，凭什么让他人阅读你的圈子，你的圈子总得有点可取之处，能让人收获一点东西，这就是要靠我们的专业性。教练员要想在网络招生上有所突破，有所建树，要把自己的自媒体电台变成"机动车驾驶培训台"，而不是单一的招生台，要锁定三种人，做好三类文章。

其一锁定准学员，做好驾校和自己的文章。随着驾校数量的增多，培训能力的过剩，学员在报名前有了更多的挑选余地，但是在驾校铺天盖地、眼花缭乱的广告宣传中，他们又有点茫然，除了价格因素以外，他们还纠结何时报名、报哪所驾校好，因此，你的圈子里要隔三岔五地发一些"选择某某驾校的N个理由""学车正是好时节""驾培改革在即，抓紧抢上'末班车'"的文章。另外，这些准学员对驾校正规化建设活动的报道，老学员对你的评价等图文也很感兴趣。发文者有心，看文者有意，说不定哪篇文章就打开了准学员的心扉，你们的缘分就来了。

其二锁定在校的学员，做好训练考试的文章。学员报名后，你的微信就变成了他们训练考试的辅助工具，科目一、科目二、科目三考试的技巧和注意事项、各种训练科目的要求与要领、六大部件的操作规范等都是学员们关心的内容，因此你要推陈出新不断变着花样地发，让学员们能找到自己需要的营养。另外，你与学员在训练中发生的故事，可以用视频、图片、段子等不同的形式发送出去，这类的图文不仅是"现在式"——你工作的记录，也是"过去式"——毕业学员美好的回忆，也可能是"将来式"——引起准学员的报名。

其三锁定毕业的学员，做好安全驾驶的文章。随着教龄的增长，毕业的学员是我们最大的人脉群体，也是我们最大的"财富矿藏"。如果你的"电台"里没有毕业学员关心的内容，久而久之，联系就会越来越少，直至有一天他把你删除掉，从此你们沟通的桥梁和纽带就不复存在了，这是何等的可惜啊。驾校的招生工作有一个巨大的误区就是对没报名的学员"咬定青山不放松"，对毕业的学员关心关注不够。驾校的服务有三个关键时刻，其三是"拿证时要把终点变成起点"，因此教练员们要多发一些毕业学员关心的安全驾驶、保养车辆的文章，诸如"荷兰式开车门的方法""安全开车黄金三原则"等，夏天发"雨季开车技巧"，冬天发"冰雪路面驾驶注意事项"，老学员总是能从教练员的圈子中找到自己需要的开车用车知识，对教练员的关注力不减，自然就会转载你的文章，给你推送粉丝，介绍学员。

网络是一个世界，是一个五彩缤纷的世界，人人离不开网络，教练员朋友们：只要你锁定三种人，做好三类文章，你就会成为一名出色的"机动车驾驶培训台"的台长，当好安全驾驶的引路人，为安全交通、文明交通作出自己的贡献！

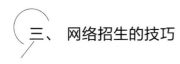

三、网络招生的技巧

网络招生内容为王，有没有技巧，可以肯定地说：有，但也不像有的文章和课程吹嘘渲染的那样——神乎其神。掌握技巧也要有个过程，不是轻松简单地就可以拿来就用，立竿见影，也要付出心血，付出时间，并且持之以恒。教练员的网络招生在解决了工具、准备之后，尤其是在内容上有吸引力和可信度的基础上，就技巧而言，主要把握好以下三点。

1. 粉丝

对第 82 期"王牌教练员培训营"62 位参训学员的调查显示，拥有好友（粉丝）量统计如下：

100 及以下的 5 位，约占 8%；

100～300（包含 300）的 32 位，约占 52%；

300～500（包含 500）的 14 位，约占 23%；

500～800（包含 800）的 3 位，约占 5%；

800～1000（包含 1000）的 4 位，约占 6%；

1000 以上的 4 位，约占 6%。

粉丝的数量好比灯泡的瓦数，瓦数的大小决定了你的亮度。微信允许粉丝最大可达到 5000。可是我们第 82 期"王牌教练员培训营"62 位学员中有 8% 的教练员不满 100 人，1000 人以上的只有 4 位，这说明我们"灯泡"不够亮，资源浪费，照不亮多少学员的心。教练员的网络招生，内容是基础，在内容好的基础上，粉丝量就成了关键，如何快速地提高教练员的粉丝量呢？其实方法很简单，就两点，一是把增粉作为教练员营销考核的硬性指标，这个月要"去二（200）进三（300）"，下个月就要"去三进五"，成功都是逼出来的，有指标考核，教练员的积极性调动起来了，就会主动地找方法；二是在增粉方法上给予指导，增粉的方法很多，首先要加学员，加过去的学员，加学员的好友，进群加好友，搜索附近的人，找电话通信录加等。

我们算一笔账，如果我们是一所二级驾校，有50名员工，每位员工好友量平均4000人，好友总量是20万，如果驾校订阅号的粉丝又有几万人，当然，这其中有好多粉丝是重复的，试问：在一个县城里还有比这个更好的宣传媒体吗？

2. 互动

粉丝的数量解决了，那么质量呢？粉丝质量的一个方面表现在你与他们之间关系的黏度上，而这种黏度离不开良好的互动，黏度不是天生的，是在不断互动中增加的。互动主要就是让用户感觉他受到了重视，我们很在意他，以此增加彼此的好感和信任值。可以经常性地给自己朋友圈人士点赞、评论和做活动。

点赞。圈子里每天都会有大量好友发的文字、图片和视频，或者转发的链接，发完之后都会很留意谁给他点赞和评论了，经常给他点赞的人，就像经常给他微笑的人，肯定会留下好印象，最起码会记住你，点赞多了，大家就熟悉了，互动起来会很自然。你要看仔细了，人家出车祸、钱包被偷、又长胖了……你点赞的话，人家会恨你一辈子！还真有这样的事，去年东北有所驾校在组织学员去考试的途中发生严重事故，造成多死多伤，我转发了这篇文章，还专门留言提醒大家：前车之覆，后车之鉴，警钟长鸣，无须点赞，转发就是功德，然而还是有些驾校校长习惯性地给我点了赞。

评论。粉丝自创的或者有感悟、有哲理的图文，如果我们有体会、有共鸣，给予评论，那是在心灵上与粉丝的交流，这是跨越普通网友成为真正好友的途径。如果想不出精彩的话评论，不妨把好友文中你喜欢的句子剪切出来，粘贴在留言中，这样网友明白你认真地看完了全文。在交往中，如果粉丝对我们的短文进行评论，说明他真的在关注我们，我们也要第一时间给他呼应、回复，甚至转发，粉丝会感觉到我们很重视他，关系会更进一步。另外，好友在生日这一类比较重要的日子发的图文，更要用心评论。点赞和评论都是我们增加与好友黏度必须付出的成本。

另外，经常地搞一些促销活动也是增加粉丝关注度的一种方式。教练员制定不了促销活动方案，那是驾校决定的事，一旦驾校有活动，教练员要及时充分地进行宣传，别浪费了机会。

3. 忌讳

有的教练员在微信朋友圈里发文不够讲究，或者无意之中的一些做法可能会引起好友们的反感，留下不好的印象，严重的会被拉黑，朋友圈的忌讳一定要注意，不要触碰。一忌高频率地刷广告。有的教练员天天狂轰滥炸，每天疯狂地刷几十条招生广告，而且内容雷同没有变化，不考虑别人的感受，硬是把朋友圈刷成她自己的卖场，这肯定会让大家反感。朋友圈是个交心的地方，多分享有价值的东西，做生活化的微营销，强推硬灌只能适得其反。二忌负能量和低级趣味。自己心情不好不要影响别人，没人愿意在自己的朋友圈看"怨妇式"的抱怨、唠叨，如果打开你的朋友圈不是抱怨学员、诋毁老板、不满社会，就是黄色段子、自黑恶搞，这都会损害自己的形象。没有一个学员愿意把一生唯一一次的学车经历交给一个牢骚满腹、格调低下的教练员。三忌随意骚扰好友。打开微信，我们会经常遇到有些人不管是认不认识就发来一些诸如"早上好""某某节日好""求点赞""投票"，还有分享链接的。这些做法有的是找存在感，有的是找认同感，但结果往往是适得其反。经常这样打扰别人，会让大家疲惫而产生反感。四忌在名字前加"A"。微信名是我们的商标，有些教练员喜欢把自己的微信名前面加上"A"，甚至几个"A"，这是因为以字母A开头能排在通讯录的前面，会增加曝光率可以让更多人来关注你,但是很多人都这么干,这种现象多了就会引起别人的不屑和反感,聪明反被聪明误。

辩证法告诉我们事情都有两方面,网络是个好东西,不仅给我们提供了一个招生的渠道,更给我们带来了一个广阔的浏览信息、获取知识、交友交流的世界,但最大的忌讳是沉湎于网络。教练员切忌在训练中玩手机上网,这样不仅会忽略学员,影响训练质量,更会给安全带来隐患,就像"开车不喝酒,喝酒不开车""走路不看景,看景不走路"一样,在教学中要自觉地做到"训练不上网,上网不训练"。

第五节
怎样防止学员的流失

一个新的驾校开张了,万事俱备只欠东风,这东风就是学员。一个老的驾校在正常运转,大多数的校长在为生员不足发愁,都把招生作为头等大事。恨不得立马抓住几个大团体,恨不得每位教练员都是招生状元,恨不得自己变成孙悟空,变出成千上万的学员来。抓招生没错,在招生工作中,我们在习惯顺向思维的同时,不妨逆向思维一下,学员是怎么流失的?开源和节流同样重要。

一、学员是从咨询员、接待员和教练员口中流失的

消费者对待买车和学车的重视程度是绝对不一样的。买车要再三权衡、比较,多次咨询选择,要满足他的多项要求;而学车就简单得多,只要他对

驾校一方面满意，就能 OK。比如离家近，因此凡是打电话进行咨询的，应该十有八九能成为你的学员。但实际中比例要小得多，究其原因，和咨询员、接待员的态度水平有很大关系。如果咨询员、接待员态度和蔼、耐心、解释到位，并能从三言两语的简单交谈中，迅速发现学员的关注点，并用富有感染力、针对性的介绍，肯定能搞定。反之，如果咨询员态度冷淡、爱答不理，回答问题不准确、不肯定、不专业，抓不住要点，学员肯定会流失。

> 大门外一个北方汉子正拉着一车白菜吆喝，忽然见走来了一个白胡子老头看着他的白菜，汉子忙招呼："老先生！你要称几棵？"
>
> 老先生摸出一张纸说："拿这换你这车白菜，行不行？"
>
> 汉子勃然大怒："想得美！你那张假白菜，能当真的吃吗？一张破纸换我一车白菜，神经病啊！"一顿咆哮。
>
> 老先生挟着画灰溜溜走了，叹一口气："嗨！你不懂啊！"那汉子没文化。现在这一纸白菜，能换一处房子。因为那个白胡子老先生是齐白石。
>
> 在学员不知道你的产品价值之前，你的任何报价都是高的。报价格相当于给学员带来痛苦，因为他想到的是自己要多掏钱；报价值，相当于给学员带来快乐，因为他想到了我要得到什么。如果价值塑造不上来，你的任何报价学员都会说太贵了。一幅名画也卖不上一车白菜的钱。
>
> 一对青年夫妇逛商场时，看中了一套高档餐具，式样精美，质地优良，但是价格非常高。妻子很喜欢，爱不释手，非常想买，丈夫觉得价格太高，坚决不同意。这时，导购小姐微笑着趴在丈夫的耳边悄悄说："这么昂贵的餐具，你老婆怎么放心让你刷碗呢！"丈夫面露喜色，立刻掏钱！

"你们驾校很好，就是价格太高了。"面对这样的提问，你会怎样回答？虽然是同一句话，但学员的关注点却有很大的不同，你怎样迅速抓住学员的心理，一剑封喉，使之由潜在学员变为真正学员呢？在一些软硬件条件比其他驾校高出一筹，在当地驾培市场上居于领先地位的驾校中，面对其他驾校的低价招生，教练员普遍存在着畏难发愁的情绪，他们不是去潜心地研究学员的消费心理，显示我们的优势，而是一味地埋怨我们的价格高。在德州华晨驾校调研并讲课时，我再次遇到了这种情况，我对华晨的教职员工说："以我们现在的服务和教学质量，以我们的设施和条件，如果我们将价格降到其他驾校的水平，就不用你们招生了，老板自己招就可以了。"我们一定要从价格的漩涡中跳出来，打价格战没有出路，面对"你们驾校很好，就是价格太高了"的提问，我们至少有20种不同的回答方式。经过课堂练习，归纳出下列的回答方法：

1）价值说——我们学时足，服务好，无隐性收费，无吃拿卡要，能学到真正技术，享受星级服务，还有增值服务相送。华晨学车，物有所值。

2）容量说——保证学时，首创德州市每车4人制培训模式，不限制训练油量，实车训练课时全市最高，对已结业但因考试信心不足未参加考试的学员再进行免费培训。

3）廉洁说——为维护学员利益，设有三部投诉监督电话，如有吃拿卡要或隐性收费等现象的，投诉后一经落实，返还所有学费。华晨收费，一次到底。

4）服务说——我们倡导先服务后教学的教学理念，把微笑教学和感动式服务贯穿到整个过程，学员能够得到充分尊重，师生之间建立起朋友式的教学关系。轻松学车，快乐生活；选择华晨，选择快乐。

5）主场说——我校拥有德州市唯一具有全套考试科目的"机动车驾驶人考试中心"，其他驾校也要到这里考试，我们的学员具有主场优势，考试总及格率在99%以上。

6）职业说——学校60名教练员全部是驾校三级筛选并经过交通部门培训考核合格后的优秀教练员，拥有良好的职业道德、精湛的专业驾驶技术和丰富的教学经验。

7）实力说——硬件齐全，规模最大。拥有一流的教考场地，共260余亩，全新捷达教练车80辆，解放教练车5辆，大客教练车3辆，学员免费接送班车3辆，理论教学微机50台，视频电子桩考系统3套，电子路考系统2套。

8）班次说——班次齐全，培训方式有单人单车、周末班、夜训班、假期师生专训班、7天特训班、预约课时班等，另外，对有证族还设有陪驾陪练。

9）增值说——除了学车，我们还为学员免费提供价值380元的"现代人拓展训练"，给学员以"挑战自我，超越自我"的拓展机会。学车到华晨，人生新起点。

10）效率说——利用主考场的优势，我校考试时间固定，学员考试快，全部科目考试合格后7天拿证。要想早拿证，一定到华晨。

11）承诺说——保证服务质量，只要您能到校学习，我们一定把您教会，杜绝"蛮横粗暴"教学，如有任何教练打骂学员，一经查处免费培训。学车选华晨，一切有保证。

12）目的说——学车是为了学到真正的驾驶技术，寻医买药和学车的钱都不能省，华晨驾校采取针对性教学，注重实用驾驶，加上专业的教练员指导和充足的训练课时做保障，学员取到驾驶证后就可以信心十足地驰骋在道路上了。

13）档次说——虽然都是驾校，但是档次大不相同，我们驾校主要面向注重品质的消费群体，拥有全市最先进的教考场地，最好的教练车，最优秀的教练队伍，最优质的服务，您可以把其他驾校的场地、车辆、教练队伍、服务理念与我们进行对比，结论显而易见。

……

不讲价格讲质量，不仅是一种营销技巧，更是一种营销战略。就像骑白马的不一定都是王子,也可能是唐僧一样,价格低不一定就是物美价廉的实惠,也可能是缩水打折的陷阱。汽车驾驶培训行业也事关人民生命和财产的安全,也要求真,不可以降价格降质量而获取生存的空间。

二、学员是从教练员身边流失的

驾驶员的职业地位在下降,而教练员作为一个新兴的职业,地位在逐渐提高。这是因为关心驾驶的人多了,学习驾驶的人多了。只要教练员有较敏感的市场开发意识,在生活中可以随处招到学员。可是许多教练员处事低调,不愿亮出身份,不主动地发名片宣传介绍,使许多身边想学车的人溜到了其他驾校。某小区有几个人结伴学车,到处找明白人咨询,确定了一个驾校报名后,才知道身边就住着一位教练。双方都很遗憾。

学员从教练身边流失的另一个主要原因是服务失败。今天的服务是明天的市场。40岁上下的女士,学车比较困难,谁都不想带她们,她们自己也感到自信心不足,给教练添麻烦。其实,你服务好了她们,往往她们能给学校介绍更多的学员。许多教练不明白这个道理,在工作中放任自己的性格,"天气"变化经常写在脸上,伤害了学员后还不以为然,致使潜在的学员流失。

三、学员是从领导被动疏忽的工作中流失的

许多驾校的领导自己走不出去,封闭在狭小的圈子里,没有专门的招生机构,不清楚人家是怎么招生的,不是眼睁睁地看着别人争夺市场,就是简

单地模仿别人，大打广告战和价格战，其结果往往是画虎不成反类犬。广告不能成为核心竞争力，降价是把"双刃剑"，在打击对手的同时也伤害了自己。也正是走不出去，因此信息不畅，不知道哪儿有生源，也不知道人们需求上的特殊性，对市场缺乏敏感，不知道驾培市场每年的"三大战役"怎样打，不知道"暑假班蛋糕"如何吃，不知道大客户如何开发，路子越走越窄，办法越来越少，这应该是学员流失最重要的一方面。

驾校教练员的五项修炼

后记一

教练员朋友,你想赚钱吗?

如果你问一个教练员:"你想赚钱吗?"他会不会这样说:"屁话!不想赚钱,起早贪黑、风吹日晒、担惊受怕干什么?谁不想赚钱?站着说话不腰疼!"

我在驾校教练员的培训中曾上百次地问过这一问题。还好出于相互的尊重,大家没有用上述的语言回敬我,但个别人的心里肯定会这样说。

接下来,我会反问:"你值钱吗?"你只有值钱,才会赚钱。就像老板们又要马儿跑又要马儿不吃草不可能一样,躺着就挣钱也不可能,天上不会掉馅饼,三百六十行,行行都是这个道理。

入一行,先别惦记着赚钱,先学着让自己值钱。把自己提升到更高的平台,赚钱才更容易。做得越少,价值越低,没有哪个行业的钱是好赚的。多付出,你会发现受益的是你自己。赚不到钱,赚知识;赚不到知识,赚经历;赚不到经历,赚阅历;以上都赚到了,就不可能赚不到钱。有价值,才升值。

作为一个机动车驾驶教练员怎样才值钱呢?我认为做到了下面四个方面12个字,就值钱了。

第一"重责任"。也就是要有职业担当。有担当就要敬业,在职就要尽职,上岗就要爱岗;有担当就要对待学员像春天般的温暖,对待工作像夏天般的火热,对待技术像秋天般的成熟,对待安全隐患像冬天一样残酷无情;

有担当就要杜绝吃拿卡要、粗暴教学，培养合格的驾驶员，为构建和谐驾培、安全驾培贡献自己的力量。

第二"善服务"。也就是要有现代服务意识和能力。给学员以正确的定位：学员是照顾了我们并且需要我们照顾的人，要先学员之忧而忧，后学员之乐而乐。不仅给学员基本服务，还要给学员满意服务、超值服务、感动服务。教一名学员，交一个朋友。

第三"精教学"。也就是专业技术素质过硬。通过自己的言传身教，培养学员具有良好的车德、驾驶心态和驾驶习惯，有计划、有步骤、有方法地进行教学训练。同时，针对不同性别、不同年龄、不同性格的学员因时、因地、因人施教，并帮助学员克服紧张的心理顺利通过考试。

第四"会营销"。也就是能把自己推销出去。会营销就是通过优质的服务和教学，打造自己的口碑，把学员变成朋友，通过学员源源不断地介绍学员，使自己成为学员喜爱、单位倚重的员工；会营销不但要熟练地掌握关系招生的种种方法，还要熟练地掌握网络招生的技巧，在帮助老板实现价值中体现自己的价值。

挣钱，是你追着钱跑；值钱，是钱追着你跑。经营自己，就是经营自身价值。把事做好，你才值钱。教练员朋友们：只要你做到了"重责任、善服务、精教学、会营销"，你就值钱了，钱就会追着你跑！

后记二

人人都知品牌好，只是……

为了撰写这本有关驾校教练员管理的书，我需要到各地驾校进行考察调研，以便尽可能地掌握情况，使本书更具有指导性。有时应主人的请求也对他们的管理提些建议，或者给教练员们进行"如何成为王牌教练员"的讲座。走了几所驾校后，发现了他们一个具有共性的地方，就是：世人都晓神仙好，只有……

一方面是驾校的老板，他们渴望把自己辛辛苦苦筹建的驾校变成有核心竞争力的品牌驾校，他们也外出学习，也羡慕那些成功的驾校，也希望能引进人才，改善管理，他们最怕的是驾校维持不下去关了门，亏损事小，丢人事大。但真的给他们拿出建议与方案，进行大刀阔斧的重组、改革、再造时，他们又有许许多多的难以割舍。他们知道许多硬件设施残缺不全，对训练不力，对形象不利，真的要改善，又不舍得口袋中的银子；他们知道裙带关系、家族化的管理压制人才，不利于员工积极性的调动，可真要是一视同仁，量才使用，甚至让那些成事不足、败事有余的亲属或关系户离开时，又打不开离身拳，解不开关系网，受不了枕边风；他们知道挂靠、外训不符合政策，不是长久之计，但真让他们断然取消，又舍不得眼前利益；他们知道严明纪律、从严治军，才能杜绝吃拿卡要和粗暴教学，但真到了处理具体人时，又网开一面，下不了狠心；于是，一边在苦苦地探求，一边又在旧的轨迹中不能自拔，驾校自然是面貌依旧。

另一方面，部分教练员也有着与老板一样的困惑和苦恼，他们也想做品牌教练员，也知道一个品牌教练员的价值：老板当作宝贝，学员当作良师，同事当作益友，父母感到骄傲，收入有所提高，职业也有保障。但是又不愿受纪律的约束，不愿改嘴馋手长的毛病，不愿动脑筋学习，不愿提升自身的素质，因此还是依然故我。

人人都知王牌好，就是态度改不了，

训斥讥讽拿脸子，学员怎么受得了；

人人都知王牌好，就是懒惰改不了，

老牛破车慢腾腾，末位淘汰一定了；

人人都知王牌好，就是贪心改不了，

吃拿卡要很实惠，早晚出事跑不了；

人人都知王牌好，就是厌学改不了；

逆水行舟不前进，落伍掉队出局了。

品牌的创建非一日之功，要想达到常人达不到的境界，就要舍弃一些常人的思维和行为，做常人所做不到的。有所舍才能有所得，舍弃不了，便不会修成正果。北京东方时尚驾校2002年决定扩大规模，他们舍得投资，用了280天动用大货车共运送70万台次，硬是将一座垃圾山搬走，建成了当今全国乃至整个亚洲最先进最舒适的驾校。从外表来看，它更像是一家酒店或者一座公园。不仅如此，东方时尚在改善员工的工作条件和企业文化建设上也舍得下功夫，正是这种舍得，使得它成为我国驾培行业里的一面旗帜。

附　录

附录A　王牌教练员培训营法则及构成元素

王牌教练员培训营法则

法则1　"否定"自我，诞生新我

这是一个重塑人生的地方，当你走进训练营的大门，也就意味着你的人生翻开了新的一页。因此，你要"否定"自我，"否定"到一张白纸，你要倒空你心中的水杯，倒空到没有一点一滴。如此，你才能新生，你才能升华。从这里走出，我已经不是过去的我，新的自我是"王牌"。

法则2　服从命令，遵守纪律

从新学员在西点军校门口走下公共汽车那一刻起，他便告别平民生活的"友好世界"，准备服从无数的命令。走入"王牌教练员训练营"也是这样，因为从这里诞生的将是中华人民共和国最优秀的汽车驾驶教练员，他的名字叫"王牌"。

法则3　感恩企业，服务学员

企业给了我展示才华、施展抱负的舞台，我感恩；学员选择了我，照顾了我，我感恩，我要用我全部的热情和技能证明企业、学员的选择是正确的。企业与学员是"王牌"的土壤，只有植根于企业，植根于学员，"王牌"才有生命力。

法则4　勇于承担，绝无借口

我们承担的工作事关人民生命财产的安全，因此来不得半点马虎，虽然在我们前进的道路上会遇到种种困难与挑战，但是我们只为成功找方法，不为失败找借口，否则我们就不配叫"王牌"。

法则 5　不忘微笑，勿忘赞美

因为我们是服务员，所以我们要对"上帝"微笑；因为我们是老师，所以我们要赞美学员点滴的进步。被学员喜欢，被学员思念是对我们最高的肯定，被学员喜欢，被学员思念才配得上"王牌"的称号。

王牌教练员内涵

重责任　善服务　精教学　会营销

王牌教练员之歌

汽笛响起，车队整齐，王牌教练有铁的纪律。服务学员是天职，不拿不卡要牢记。勤学习、苦训练，成为一名王牌教练员。王牌啊王牌，王牌中有你，王牌中有我。王牌就是我们的原动力！一切行动为学员，驾培永远是春天。

王牌教练员誓词

尊重生命，热爱生活，职业责任，重于泰山。
坚决杜绝，吃拿卡要，廉洁施教，从我做起。
彻底摒弃，粗暴教学，热情服务，感恩学员。
加强学习，提高素质，爱岗敬业，不辱使命。
热情而不失态，坦诚而不粗鲁。

王牌教练员的长宽高

长——要有较突出的业务特长。
宽——要有较宽阔的胸怀。充分理解学员的心态，充分理解学员的需求，充分理解学员的过错。

高——要有较高的思想境界，为保护人民生命财产把好安全驾驶第一关。

王牌教练员的职业分寸

热情而不失态，坦诚而不粗鲁。

自信而不自大，诚实而不呆板。

谦虚而不虚伪，严格而不严厉。

勤俭而不吝啬，活泼而不轻浮。

坚韧而不固执，果断而不武断。

随和而不迁就，精明而不圆滑。

成熟而不世故，勇敢而不鲁莽。

王牌教练员岗位格言

常修为师之德，常思学员之需，常怀律己之心。

雷锋是我榜样，我是雷锋同行。

对待学员要像春天一样温暖，对待工作要像夏天一样火热，对待技术要像秋天一样成熟，对待安全隐患要像严冬一样残酷无情。

就业就要敬业，上岗就要爱岗，安心就要尽心，在职就要尽职。

爱岗位——把驾培作为事业来对待，爱学员——把学员作为亲人来对待，爱车辆——把车辆作为搭档来对待。

吃拿卡要莫入此门，粗暴教学另寻他路。

从服务中体现价值，从服务中得到成长，从服务中累积人脉，从服务中获得财富，从服务中寻找快乐。

每人每天每事，尽心尽力尽责；服务只有起点，满意没有终点。

学员是照顾了我们并且需要我们照顾的人。

感恩之意存于心，感恩之意出于口，感恩之意显于行。

你的"服务率"，决定你的招生"回报率"。

有没有给学员提供满意的服务，受益者或受害者都是自己。

服务质量的好坏就是人格品行的好坏。

我们万分之一的差错就是学员百分之百的损失。

金杯银杯不如学员的口碑，这奖那奖不如学员的夸奖。

收入靠学员来维持，声誉靠学员来宣传，发展靠学员来推动。

把学员合理的要求当作是对自己的训练，把学员不合理的要求当作是对自己的磨炼。

用欣赏的眼光看待学员，用宽容的心态对待学员。

"教"的是学员，"练"的是自己。

让微笑教学成为一种习惯。

安全重于泰山，教练责无旁贷。

以服务学员为荣，以敷衍学员为耻。

教一个学员，交一个朋友。

附录B　南新华驾校经营管理咨询团队培训班简介

1. "王牌教练员培训营"——每期八天，培训采取封闭式，淘汰制，培训对象为新老教练员，可以零星参加，建议集体报名，整体打造。

2. "驾校金牌客服培训班"——每期三天，理论联系实际，用经典案例、角色扮演、课堂讲授与演练辅导等方式为驾校客服主管及服务人员揭开驾校服务的真谛，从而有效地掌握驾校客服的核心技巧。

3. "驾校职业校长培训班"——以培养"五项全能"的职业校长为目的，旨在帮助驾校校长从管人、管事的琐碎事务堆里解脱出来，上升到建立体系、文化管理的层面。每期三天。

4. "驾校转型创新培训班"——此班的培训目的是解决驾校校长"老路走不通，新路不会走"的困惑，实现两个"回归"，跨过四道"门槛"，与时俱进，弯道超车。每期三天。

5. "驾校营销三十六计"——"战略篇"四讲、"战役篇"六讲、"战术篇"五讲。其中有招生之道，也有招生之术，而且术中有数，数中有术，环环相扣，系统立体，拿来能用，落地开花。小班开班，每期三天。

6. "驾校少帅培训班"——为驾校投资人的儿女倾情打造，小班开班，每期三天。分为"管理班"和"营销班"两个班型。由以往成功"上位"的"少帅"做助教。

7. "区县驾校携手共进合作共赢培训班"——这是一个由驾校投资人共同参加的培训，是一个结束恶性竞争促进和谐发展的培训，内容包含合作的背景、合作的方式、合作的难点、合作的前景等。每期一天。